IMPLEMENTATION ROADMAP AND PRACTICES OF RURAL REVITALIZATION

乡村振兴
实施路径与实践

刘祥◎著

Implementation Roadmap
and Practices of Rural Revitalization

中国经济出版社
CHINA ECONOMIC PUBLISHING HOUSE
北 京

图书在版编目（CIP）数据

乡村振兴实施路径与实践 / 刘祥著 . --北京：中国经济出版社，2022. 6

ISBN 978-7-5136-6907-8

Ⅰ. ①乡… Ⅱ. ①刘… Ⅲ. ①农村-社会主义建设-研究-中国 Ⅳ. ①F320. 3

中国版本图书馆 CIP 数据核字（2022）第 074852 号

策划编辑　赵静宜
责任编辑　罗　茜
责任印制　马小宾
封面设计　久品轩

出版发行　中国经济出版社
印 刷 者　北京力信诚印刷有限公司
经 销 者　各地新华书店
开　　本　710mm×1000mm　1/16
印　　张　12
字　　数　155 千字
版　　次　2022 年 6 月第 1 版
印　　次　2022 年 6 月第 1 次
定　　价　88. 00 元
广告经营许可证　京西工商广字第 8179 号

中国经济出版社　**网址** www. economyph. com　**社址** 北京市东城区安定门外大街 58 号　**邮编** 100011
本版图书如存在印装质量问题，请与本社销售中心联系调换（联系电话：010-57512564）

PREFACE

序　言

习近平总书记在全国脱贫攻坚总结表彰大会上庄严宣告："经过全党全国各族人民共同努力，在迎来中国共产党成立一百周年的重要时刻，我国脱贫攻坚战取得了全面胜利。"我们也清醒地认识到，脱贫摘帽不是终点，返贫风险依然存在，脱贫攻坚后的可持续发展问题日益迫切。脱贫攻坚的难点在乡村，巩固脱贫攻坚成果的难点也在乡村。为了巩固来之不易的脱贫攻坚成果，需要切实做好巩固拓展脱贫攻坚成果同乡村振兴有效衔接的各项工作，只有打好乡村振兴"组合拳"，推动乡村"资源变资产、资金变股金、农民变股东"，才能使脱贫基础更加稳固、成效更可持续。

按照乡村振兴战略的总要求，实施乡村振兴战略的立足点是解决社会主要矛盾，其核心在于协调好政策、改革、产业、资本、人才、技术、环境和合作等八个关键要素。政策是保障，"输血"变"造血"；改革是动力，基层更善治；产业是基础，产品变商品；资本是核心，村民变股民；人才是关键，离乡变返乡；技术是支撑，城乡更融合；环境是保障，服务更提升；合作是外因，动力更持续。

乡村的未来，既离不开产业的发展，也离不开适度的规模化聚集。我国要从根本上解决目前农业不发达、农村不兴旺、农民不富裕的"三农"问题，实现"资源变资产、资金变股金、农民变股东”，走出中国特色的乡村振兴之路。

实现巩固拓展脱贫攻坚成果同乡村振兴有效衔接：一是做好脱贫衔接工作，避免政策“紧急刹车”；二是深化农村土地改革，释放集体土地资源；三是培育乡村“造血”机制，打造特色产业体系；四是创新乡村经营方式，鼓励引入社会资本；五是加大农村培训力度，支持科技人才下乡；六是提升公共服务水平，改善乡村风貌品质；七是激励区域中心城市，创新辐射带动机制。

本书紧紧围绕乡村振兴战略，分三个篇章来阐述新时期乡村振兴的重要意义与实施路径，包括乡村振兴理论篇、乡村振兴实践篇和乡村振兴案例篇，力争做到既有理论深度，又有政策实施的可行性，希望对乡村振兴工作起到一定的参考作用。

CONTENTS

目　录

乡村振兴理论篇

乡村振兴实践篇

乡村振兴案例篇

乡村振兴理论篇

第一章　乡村振兴的提出与战略意义

一、乡村振兴的提出

自我国提出乡村振兴战略到“十四五”初期，乡村振兴战略的发展可分为战略意图初步提出、政策框架初步搭建、制度体系初步形成三个阶段。自乡村振兴战略提出以来，相关政策文件出台越来越密集，上位指示越来越细化，2021 年中央一号文件提出全面推进乡村振兴，这标志着实现乡村振兴是关系全局性、长远性、前瞻性的国家总布局，是国家发展的核心和关键，是解决人民日益增长的美好生活需要和不平衡不充分的发展之间的矛盾的必然要求，是实现“两个一百年”奋斗目标的必然要求，是实现全体人民共同富裕的必然要求。

乡村振兴的战略意图初步提出阶段。该阶段我国首次提出了乡村振兴战略，并把该战略与科教兴国战略、人才强国战略、创新驱动发展战略、区域协调发展战略、可持续发展战略、军民融合发展战略并列为党和国家未来发展的“七大战略”。乡村振兴战略是党的十九大报告做出的重大战略决策并被写入党章，为新时代农业农村改革发展指明了方向、明确了重点。党的十九大报告指出，农村发展是我国迈向现代化的关键。习近平总书记指出：“乡村振兴，关键是产业要振兴。要鼓励和扶持农民群众立足本地资源发展特色农业、乡村旅游、庭院经济，多渠道增加农民收入。”在党的十九大以后，2018 年 2 月，《中共中央 国务院关于实施乡村振兴战略的意见》出台，对乡村振兴战略做了更全面的谋划。9 月，中共中央、国务院印发《乡村振兴战略规划（2018—2022 年)》，提出乡村治理能力进一步提升，到 2022 年实现特色现代乡村治理体系初步构建。乡村振兴战略的提出，助力加快发展乡村产业，顺应产业发展规律，立足当地特色资源，推动乡村产业发展壮大，优化产业布局，完善利益联结机制，让农民分享到更多产业增值收益。

乡村振兴的政策框架初步搭建阶段。农业、农村、农民问题是关系国计民生的根本性问题，必须始终把解决好“三农”问题作为全党工作的重中之重。2019 年 1 月，《中共中央 国务院关于坚持农业农村优先发展做好“三农”工作的若干意见》发布，提出围绕“巩固、增强、提升、畅通”深化农业供给侧结构性改革，坚决打赢脱贫攻坚战，充分发挥农村基层党组织战斗堡垒作用，全面推进乡村振兴，确保顺利完成到 2020 年承诺的农村改革发展目标任务。2020 年 5 月，习近平总书记在山西考察时强调，要因地制宜发展乡村产业，精心选择产业项目，确保成功率和可持续发展；要把群众受益摆在突出位置，从产业扶持、金融信贷、农业保险等方面出台政策，为农村经济发展提供有力支持。2020 年 7 月，农业农村部印发《全国乡村产业发展规划（2020—2025 年)》对乡村产业振兴、人才振兴提出了具体任务要求。

要把乡村振兴战略这篇大文章做好，必须走城乡融合发展之路，要以改革为动力，深化户籍制度改革，强化常住人口基本公共服务，维护进城落户农民的土地承包权、宅基地使用权、集体收益分配权，加快农业转移人口市民化。乡村振兴框架的搭建，有助于健全多元投入保障机制，增加对农业农村基础设施建设投入，建立健全城乡基本公共服务均等化的体制机制，推动公共服务向农村延伸、社会事业向农村覆盖，加快城乡基础设施互联互通，推动人才、土地、资本等要素在城乡间双向流动，加快建立健全城乡融合发展体制机制和政策体系。

乡村振兴的制度体系初步形成阶段。自乡村振兴战略启动落实后，该战略的要求逐渐明确，即实现乡村振兴发展要全面实现产业振兴、人才振兴、文化振兴、生态振兴、组织振兴，推进产业兴旺、生态宜居、乡风文明、治理有效、生活富裕。2021 年 2 月，《中共中央 国务院关于全面推进乡村振兴加快农业农村现代化的意见》发布，提出举全党全社会之力加快农业农村现代化，让广大农民过上更加美好的生活。3 月，中央农村工作领导小组办公室、农业农村部、国家乡村振兴局出台《关于深入学习贯彻习近平总书记近期“三农”工作重要讲话精神的通知》。4 月，《中华人民共和国乡村振兴促进法》由中华人民共和国第十三届全国人民代表大会常务委员会第二十八次会议通过，为全面实施乡村振兴战略提供了有力的法治保障，其目的为促进农业全面升级、农村全面进步、农民全面发展，全面建设社会主义现代化国家。5 月，中共中央办公厅印发《关于向重点乡村持续选派驻村第一书记和工作队的意见》，提出健全常态化驻村工作机制，为全面推进乡村振兴、巩固拓展脱贫攻坚成果提供坚强组织保障和干部人才支持。6 月，《中华人民共和国乡村振兴促进法》正式实施，其把党和国家支持与促进乡村振兴的各项决策部署及行之有效的政策举措、基层实践创造的好做法、好经验上升为法律规范，为全面推进乡村振兴提供强有力的支持。

我国的乡村振兴战略将分三步走：第一步，到 2020 年，乡村振兴取得重要进展，制度框架和政策体系基本形成；第二步，到 2035 年，乡村振兴取得决定性进展，农业农村现代化基本实现；第三步，到 2050 年，乡村全面振兴，农业强、农村美、农民富全面实现。2020 年 12 月 16 日，中共中央、国务院印发《关于实现巩固拓展脱贫攻坚成果同乡村振兴有效衔接的意见》，提出设立过渡期，脱贫地区要做好过渡期内领导体制、工作体系、发展规划、政策举措、考核机制等有效衔接，以解决建档立卡贫困人口“两不愁三保障”为重点转向实现乡村产业兴旺、生态宜居、乡风文明、治理有效、生活富裕。我国未来两三年的工作重心或主要方向在于巩固拓展脱贫攻坚成果，守住防范系统性返贫的底线，为实现乡村振兴的第二步奠定坚实的基础。

我国中央出台的乡村振兴有关政策文件见表 1-1。

表 1-1　我国中央出台的乡村振兴有关政策文件

序号	发布时间	文件名称	发布单位
1	2018 年 2 月	《中共中央　国务院关于实施乡村振兴战略的意见》	中共中央、国务院
2	2018 年 9 月	《乡村振兴战略规划（2018—2022 年）》	中共中央、国务院
3	2019 年 1 月	《中共中央　国务院关于坚持农业农村优先发展做好“三农”工作的若干意见》	中共中央、国务院
4	2020 年 7 月	《全国乡村产业发展规划（2020—2025 年）》	农业农村部
5	2021 年 2 月	《中共中央　国务院关于全面推进乡村振兴加快农业农村现代化的意见》	中共中央、国务院
6	2021 年 3 月	《关于深入学习贯彻习近平总书记近期“三农”工作重要讲话精神的通知》	中央农村工作领导小组办公室、农业农村部、国家乡村振兴局
7	2021 年 4 月	《中华人民共和国乡村振兴促进法》	全国人民代表大会常务委员会
8	2021 年 5 月	《关于向重点乡村持续选派驻村第一书记和工作队的意见》	中共中央办公厅

资料来源：中国（深圳）综合开发研究院政策数据库。

专栏 1　中央出台的涉及脱贫的乡村振兴政策文件重点解读

1. 针对公共服务不足

《中共中央　国务院关于坚持农业农村优先发展做好“三农”工作的若干意见》强调，全面提升农村教育、医疗卫生、社会保障、养老、文化体育等公共服务水平，加快推进城乡基本公共服务均等化。推动城乡义务教育一体化发展，深入实施农村义务教育学生营养改善计划，加强农村儿童健康改善和早期教育、学前教育。加快标准化村卫生室建设，建立健全统一的城乡居民基本医疗保险制度，同步整合城乡居民大病保险。完善城乡居民基本养老保险待遇确定和基础养老金正常调整机制。推动建立城乡统筹的基本公共服务经费投入机制，完善农村基本公共服务标准。

2. 针对资金供给不足

《中共中央　国务院关于全面推进乡村振兴加快农业农村现代化的意见》提出，在风险可控的情况下，整合各类资金，采取政府引导、市场化运作的方式，充分发挥保险行业优势，推动农业保险对返贫人口全覆盖，有效降低返贫人口产业发展风险。强化农业农村优先发展投入保障，继续把农业农村作为一般公共预算优先保障领域，制定落实提高土地出让收益用于农业农村比例考核办法，确保按规定提高用于农业农村的比例。支持地方政府发行一般债券和专项债券用于现代农业设施建设和乡村建设行动，制定出台操作指引，做好高质量项目储备工作。发挥财政投入引领作用，支持以市场化方式设立乡村振兴基金，撬动金融资本、社会力量参与，重点支持乡村产业发展。

3. 针对内生动力不足

《乡村振兴战略规划（2018—2022 年）》强调，坚持农民主体地位是实施乡村振兴战略的基本原则，充分尊重农民意愿，切实发挥农民在乡村振兴中的主体作用，调动亿万农民的积极性、主动性、创造性。

4. 针对帮扶机制不畅

《中共中央　国务院关于实现巩固拓展脱贫攻坚成果同乡村振兴有效衔接的意见》提出，过渡期内严格落实“四个不摘”要求，抓紧出台各项政策完善优化的具体实施办法。现有帮扶政策该延续的延续、该优化的优化、该调整的调整，确保政策连续性。将巩固拓展脱贫攻坚成果放在突出位置，建立农村低收入人口和欠发达地区帮扶机制，健全乡村振兴领导体制和工作体系。健全多部门联动的风险预警、研判和处置机制，实现对农村低收入人口风险点的早发现和早帮扶。完善农村低收入人口定期核查和动态调整机制，继续坚持定点帮扶机制。

二、乡村振兴的战略意义

（一）乡村振兴推动共同富裕

在党的十九届五中全会上，中共中央首次提出把“全体人民共同富裕取得更为明显的实质性进展”纳入《中华人民共和国国民经济和社会发展第十四个五年规划和2035年远景目标纲要》。2021年7月1日，习近平总书记在庆祝中国共产党成立100周年大会上的重要讲话中强调，“着力解决发展不平衡不充分问题和人民群众急难愁盼问题，推动人的全面发展、全体人民共同富裕取得更为明显的实质性进展”。2021年8月17日，中央财经委员会第十次会议提出了研究扎实促进共同富裕的问题。在研究制定经济政策的中央财经委员会会议上提出了共同富裕的长期政策框架，这意味着在新发展阶段，党中央把“共同富裕”摆在更加重要的位置，围绕“共同富裕”的改革将是未来长期政策框架。

我国在“效率优先”的快速发展下积累了大量的财富，但在新发展阶段要在增量发展中侧重财富分配的平衡，在“效率优先”的前提下，加大“兼顾公平”的力度。同时，我们也要认识到，推进共同富裕是一项具备长期性、艰巨性、复杂性的任务，要尽力而为、量力而行、循序渐进，政策的落实需因地制宜探索有效路径，总结经验，逐步推开。

乡村振兴与共同富裕在发展方向、发展理念、推进逻辑等多个方面具有内在一致性。乡村振兴既要更加充分地解放和发展生产力，也要更有效、更直接地回应人民群众关切的问题，满足人民对美好生活的需要，使全体人民在中国特色社会主义制度保障下共创发达、领先世界的生产力水平，共享幸福而美好的生活。实施乡村振兴战略有助于缩小乡村与城镇的发展差距、农民与市民的收入差距，乡村振兴与共同富裕具有发展方向的一致性。无论乡村振兴还是共同富裕，都强调在推进过程中坚持共享发展理念，通过先富带后富，最终实现共同发展和富裕，乡村振兴与共同富裕具有发展理念的一致性。我国幅员辽阔，各地地理条件、自然资源、发展基础的差异大，共同富裕是一个在动态中向前发展的过程，不可能一蹴而就。各地乡村发展条件、发展水平不同，各地实现全面乡村振兴也存在区域和时序上的不同，这也决定了乡村振兴与共同富裕存在推进逻辑的一致性。由此，乡村振兴与共同富裕存在较大程度的耦合性。

（二）乡村振兴实践“两个结合”

中国共产党坚持把马克思主义基本原理同中国具体实际相结合、同中华优秀传统文化相结合，这“两个结合”是中国共产党创造百年辉煌的成功密码。中国共产党是马克思主义政党，中国共产党领导的乡村振兴既是马克思主义基本原理在中国乡村地区落地扎根的实践过程，也是乡村地区中华优秀传统文化创造性转化和创新性发展的过程。实施乡村振兴战略对于推动马克思主义基本原理同中国乡村发展具体实际相结合、同中华优秀传统文化相结合具有难以取代的独特作用。

走中国特色乡村振兴道路为推动“两个结合”创造了空间。一方面，习近平总书记关于乡村振兴的重要论述，不仅蕴含了关于乡村发展的规律性认识，也包含了大量关于农业农村现代化、城乡融合发展的理论创新，这正是我们党运用马克思主义基本原理指导走中国特色社会主义乡村振兴道路的重大成果。另一方面，中华文明根植于农耕文明，乡村是中华文明的基本载体，延续了许多农耕文明。繁荣发展乡村文化是乡村振兴的重要内涵，其核心就是传承发展中华优秀传统文化，这就为马克思主义同中华优秀传统文化相结合提供了文化空间。

高质量乡村振兴为“两个结合”提供了实践基础。“两个结合”并不是纯粹的理论对话，而是以实践为基础的现实结合。中国乡村地区社会生产力相对于城市地区较为落后，广大农民整体离共同富裕还有较大差距，乡村社会亟待加快发展，乡村文化的独特优势与局限性并存。实施乡村振兴战略，就是要根据中国乡村具体实际，运用马克思主义基本原理，在全面推进乡村振兴中传承发展中华优秀传统文化。改革开放之初，我国实行家庭联产承包责任制，通过回归传统家庭本位，同时兼顾土地的社会主义所有制，形成了马克思主义基本原理与中国发展具体实际、中华优秀传统文化相结合的成功范例。

高质量乡村振兴以实现全体人民共同富裕为目标，是推动“两个结合”的有效载体。马克思主义科学理论是解放全人类、实现共产主义社会的科学学说。中华民族数千年来从未放弃对实现共同富裕的美好追求，实现共同富裕是社会主义的本质要求。当前，实现共同富裕，最艰巨、最繁重的任务在农村，最广泛、最深厚的基础在农村。解决好发展不平衡不充分问题，重点、难点在“三农”。全面推进乡村振兴，推动共同发展是实现共同富裕的必然要求。乡村振兴以实现全体人民共同富裕为目标，既坚守了马克思主义为人民利益奋斗终身的价值理念，也延续了中华优秀传统文化中仁政爱民的价值追求，是推动“两个结合”的选择。

（三）乡村振兴促进全面发展

中国自古以来就是农业大国，大部分国土位于农村地区，农民占全国人口的大多数，乡村地区保留着原生态的中华优秀传统文化。中共中央、国务院印发的《乡村振兴战略规划（2018—2022 年）》明确提出：“实施乡村振兴战略是传承中华优秀传统文化的有效途径。”党的十九大报告把乡村振兴战略与科教兴国战略、人才强国战略、创新驱动发展战略、区域协调发展战略、可持续发展战略、军民融合发展战略并列为党和国家未来发展的“七大战略”，证明了农业、农村、农民问题是关系国计民生的根本性问题，必须始终把解决好“三农”问题作为全党工作的重中之重。

实施乡村振兴战略有利于打好种业翻身仗。种业创新是农业科技创新的核心问题，我国种业自主创新与发达国家还有很大差距，有些品种单产水平还有较大提升空间，核心技术原创不足、商业化育种体系不健全，存在较多制约种业发展的“卡脖子”问题，我国以乡村振兴为农业种业发展的重要抓手，确保我国粮种安全，把中国人的饭碗牢牢端在自己手中。

实施乡村振兴战略有利于解决城乡发展不平衡等问题。从增加农民收入维度来看，乡村振兴以产业兴旺为发展目标，强调一二三产业融合发展，不断扩宽延长农业生产的产业链和价值链，目的就是要通过对农业的现代化改革提升农业生产效率，切实提高农民收入，缩小工农收入差距。从提高农民生活水平维度来看，乡村振兴战略通过推动乡村建设行动和县域内融合发展，从根本上提高农民的生活水平，提升农民的获得感和幸福感。从提升农村文明程度维度来看，乡村振兴强调坚持以社会主义核心价值观为引领，通过建设新时代文明实践站、制定村规民约、开展移风易俗等行动，培育文明乡风、良好家风、淳朴民风，推动建设邻里守望、诚信重礼、勤俭节约的文明乡村。

实施乡村振兴战略有利于农村现代化的实现。高质量乡村振兴加快推进农业农村现代化进程，有助于守好“三农”基础在“应变局”与“开新局”中的“压舱石”作用。从“应变局”来看，农村始终能够发挥国家发展“蓄水池”和“稳定器”的重要作用，为现代化发展中的进城农民始终提供生计保障和返乡退路。从“开新局”来看，实施乡村振兴战略从硬件和软件上全面提高农业农村的现代化水平，强化县城综合服务能力，成为国内经济发展的“新引擎”。推动小农户与现代农业有机衔接是深化农村改革的重点，农村电商、特色产业等新型农村产业业态的发展，一方面促进农民增收，确保农民收入稳步提高，城乡收入差距进一步缩小；另一方面促进农户扩大经营规模，发展为家庭农场等现代经营主体，实现农业生产结构、布局等方面的优化调整，从而巩固脱贫攻坚成果。推动乡村振兴和新型城镇化的“双轮驱动”，将充分挖掘农村消费投资需求潜力，为畅通国内大循环、确保国内国际双循环健康发展提供坚定的支撑。

实施乡村振兴战略有利于保护中华优秀传统文化。农村是乡土文化的载体，也是中华文化的发源地，乡土文化的繁荣发展是弘扬中华优秀传统文化的基本内核。实施乡村振兴战略，通过不断健全农村公共文化服务体系、增加公共文化产品和服务供给，为农村“引人气”“聚人才”，在丰富乡村文化生活的同时发挥农村这一乡土文化载体的重要作用，推动保护利用乡村传统文化，以实现建设生态宜居的美丽乡村，重塑乡村文化生态的效果。

实施乡村振兴战略有利于夯实基层基础。乡村振兴战略把乡村“治理有效”作为总要求之一，有助于加强党的基层组织建设，夯实党在基层的执政基础，为全面推进乡村振兴提供政治保障和组织保障。实施乡村振兴战略要坚持和完善“第一书记”“驻村帮扶”等脱贫攻坚中积累的成果经验，持续改进党群关系，让党员干部真正成为群众的“贴心人”，让广大农民群众紧紧凝聚在党组织的周围。在党组织的领导下大力发展集体经济，有利于在带领群众共同致富的过程中重建乡村经济共同体，进一步夯实党在乡村的执政基础。

乡村振兴是包括产业振兴、人才振兴、文化振兴、生态振兴、组织振兴的全面振兴，这一战略的总要求是产业兴旺、生态宜居、乡风文明、治理有效、生活富裕。因此，实现乡村振兴关系到我国能否从根本上消除城乡差别，解决乡村发展不平衡不充分的问题，也关系到中国整体发展是否均衡，能否实现城乡统筹、农业一体化的可持续发展的问题，是关系全局性、长远性、前瞻性的国家总布局，是国家发展的核心和关键。

第二章 乡村振兴理论综述

一、乡村振兴理论基础

（一）马克思主义关于农村的论述

作为工业革命的起源地，欧洲农业社会在经济社会变革中首当其冲，经历了工业对农业生存空间的挤占、自然资源被掠夺及生态环境被破坏等问题。马克思、恩格斯基于这一时期农村贫困、城乡对立的局面，提出了“生产力发展不足的结果是导致城乡分离，只有在生产力发展到一定程度时才能促进两者融合”这一论断。马克思、恩格斯指出，工业社会聚集了人口，促进了城市的发展，客观上促进了文明程度的提高，这种新的生活方式对于乡村原有的分散式、单一式、闭塞式的生活是一大提升。此外，经过农业技术发展，新的农业模式解放了农村劳动力，产生了乡村工业化，从而促进了农民收入的提高，减少了城乡二元差异，因此马克思、恩格斯提出了工农联盟、农业合作化的思想。马克思、恩格斯的论述为我国解决城乡发展问题提供了最早也是最根本的理论依据，为我国“三农”政策、乡村振兴理论的提出提供了方法论指导，为后续系列规划、政策的提出指明了正确方向。

（二）中华人民共和国成立后农村建设理论

中华人民共和国成立初期，我国本着促进经济恢复和推进农村改造的目的，提出实行改造小农经济，发展社会主义农业合作制经济和农村机械化，重点推进生产关系改造，通过走农业合作社的道路为农村引进新的生产方式和技术，以实现农村生产力发展。在集体化制度理论指导下，我国农村在中华人民共和国成立初期实现了农村生产力的快速恢复，有力地支持了我国工业体系建设，但由于后期冒进主义抬头，逐渐脱离农村发展实际，造成了农村体制僵化，城乡二元化发展的客观现实。

（三）改革开放以来农村建设理论

在改革开放初期，为破除计划经济体制弊病，我国提出在农村实行家庭联产承包责任制，极大地激发了农民生产积极性，促进了农村劳动力解放；提出发展多种经营和乡镇企业，通过发展农村产业，初步构建农村产业体系，形成农村自我“造血”的初步能力以缩小城乡发展差距。党的十五届三中全会提出，建设富裕的新农村，从传统的救济式扶贫向开发式扶贫转变。进入 21 世纪后，中央制定了“多予、少取、放活”的农村工作方针，提出“以工促农、以城带乡”的发展目标。党的十六届五中全会指出，建设社会主义新农村是我国实现现代化的重大历史任务，并提出“生产发展、生活宽裕、乡风文明、村容整洁、管理民主”的要求。这一时期，我国以“三农”问题为抓手，以新农村建设为目标，以实现农村剩余劳动力的有序转移，提高农村生产能力。①

（四）新时期乡村建设理论

十九大报告明确指出，我国社会主要矛盾已转化为人民日益增长的美好生活需要和不平衡不充分的发展之间的矛盾。不平衡不充分发展的关键之一就是农村发展速度滞后于城市、发展质量低于城市、发展后续动力弱于城市。习近平总书记提出“产业兴旺、生态宜居、乡风文明、

① 周金堂，黄国勤. 国外新农村建设的特点、经验及启示［J］. 现代农业科技，2007（17）：204-207+210.

治理有效、生活富裕”是乡村振兴的总要求，也是实现“两个一百年”和中华民族伟大复兴的最终目标，乡村振兴要做到“农业强、农村美、农民富”，即以农村与农业有机结合，人与乡土有机结合，实现农村高质量发展。

2005 年 8 月 15 日，时任浙江省委书记习近平同志在浙江安吉余村考察的时候，第一次提出“绿水青山就是金山银山”的科学论断（以下简称“‘两山’理论”）。“两山”理论是马克思主义关于人与自然关系思想中国化的最新成果，也是习近平生态文明思想的核心内容与最终落脚点。“两山”理论既与生态文明建设的精髓一脉相承，又是对生态文明建设的创新。生态文明所蕴含的公正、高效、和谐和人文发展等核心要素正是“两山”理论的体现。

政府扶持乡村旅游发展的过程，实际上就是践行“两山”理论和生态文明建设的过程，它强调的是在尊重、顺应、维护自然环境的基础上，通过发展乡村旅游业，从而协调好生态环境保护与经济发展之间的关系，达到既能保护生态环境又能推动经济发展的目的。

（五）人才流动理论

人是最关键、最活跃、起决定性作用的因素，乡村振兴的各方面都需要由人来实施，更需要人才来创新发展。政界、学界广泛认同人才对乡村实现全面振兴具有重要意义和作用。有学者认为，乡村振兴首要的是人才振兴，乡村人才队伍在乡村振兴中发挥着重要作用，要为乡村人才振兴营造良好的环境，确保乡村人才队伍的不断壮大和稳定，以人才振兴助力乡村振兴。有学者指出，人才是科技兴农的关键环节、乡村振兴的基础保障，积极推进人才强农战略是实现乡村振兴的必然选择。有学者提出，通过树立乡村人才的整体发展观，探索乡村人才成长新模式来确立新时代乡村人才发展战略构想，是乡村振兴战略的关键也是动力源所在。为了达到乡村振兴战略的目标，最关键也是最核心的要素还是人才，人才振兴能为乡村振兴的发展奠定稳定的人才基础，要依靠人才带动乡村资源的发展。有学者研究发现，乡村振兴战略需要乡土人才来实现转型，乡土人才可以说是乡村振兴实现的基础，是城乡融合发展的文化资本，也是中国生态文明建设不可缺少的传统文化基因。

人才对乡村振兴的支撑或促进作用主要是通过有效提升人力资本水平来实现的。根据人力资本理论可知，“教育投资是人力资本的重要来源”。因此，农村教育与乡村振兴有着紧密的联系，通过发展农村教育来提升人力资本，从而促进乡村振兴发展是普遍的共识。有学者通过对我国改革开放以来农村职业教育的历史回顾、演进逻辑分析和未来展望，认为乡村振兴战略“20 字方针”的实现关键在于振兴农村职业教育。农村职业教育独特的功能定位和价值取向精准对接乡村振兴各领域、各要素需求，是乡村振兴战略实施的逻辑必然。金绍荣和张应良的关注点是，基于“产乡教”联合育人的逻辑，需要变革农科教育理念，让农科教育变革与乡村人才振兴协同联动，以达成农科人才供给与乡村振兴需求的高度匹配。

有学者以我国涉农人才培养过程中的数量足、质量不优、结构不合理、需求不匹配等问题为导向，提出要完善和创新涉农人才培养的体制机制。有学者基于高校教学改革，分别对农村区域发展专业应用型人才、农业环境保护技术专业人才的培养模式和方案进行了研究。农村人才资本的获得也可以是吸引外来人力资本，如通过人才流动的方式让外来人才支撑乡村振兴发展。然而，更多人认为，需要自身培育和外来引才两者同步推进。有学者认为，需建立以本土人才内部塑造与外部人才吸纳引进相结合的双重人才动力机制，做到吸引人才与培育人才并重，让“外来女婿”和“本地郎”都能发挥好聪明才智。

（六）智慧农村理论

现代化理论认为，现代化意味着工业化、城市化，反映城市和乡村的中心—边缘、支配—被支配关系。在现代化进程中，传统乡村的存续问题面临着严峻挑战。我国的现代化进程就是国家治理体系不断完善和治理能力不断提升的过程。中华人民共和国成立以来，整体的社会治理结构经历了从“一元主体”到“多元共治”的转变，从行政化管理向法治、德治和综合治理的转变。当前，我国正处于城乡融合的关键期，城乡建设在由城市偏向转至农村偏向的过程中，也经历了从“局部发展”到“系统建设”，从“单一路径”到“多路并进”的过程。如新农村建设、美丽乡村建设致力于解决农村基础设施不全的问题，回答的是“乡村如何更快发展”的问题；精准扶贫致力于解决农民的贫困问题，关注的是“乡村如何实现发展”的问题；智慧乡村致力于实现乡村的智慧化发展，回应“乡村如何更好发展”的问题。由此可见，时代议题的切换，实现了乡村建设重心从基础设施完善向智慧化发展的转变，新兴技术的迅猛发展，也在深刻地影响着国家—社会—公民关系以及政府治理的逻辑。伴随新兴技术产生的智慧治理体现出社会控制结构从层级制向扁平化结构的转型，政府治理模式从单中心管理向多中心协同治理的转型，公共管理理念从管理向治理的转型。智慧化治理在和现代通信技术融合的过程中，被赋予了新内涵，成为一种新的治理范式，如智慧城市建设和智慧乡村建设。

当前，我国智慧城市建设如火如荼，对数字乡村和智慧乡村的探索也方兴未艾。在乡村治理过程中，如何实现新一轮科技革命和治理方式的深度融合、现代通信技术和乡村建设的有效结合，从而实现新时期乡村的智慧化建设和智能化治理，成为亟待研究的新问题。

二、国内外学界观点

西方学者对乡村振兴的研究不多，与国内偏重于政策问题研究相比，国外学界较多的是进行政治经济学背景下的宏观理论及微观分析。

（一）国内乡村振兴研究

自乡村振兴战略提出以后，我国的专家学者对此进行了深入的理论研究和分析，现有的理论研究，主要侧重于探讨乡村振兴战略的内涵意义和实施路径等。

1. 内涵意义

从内涵意义来看，有学者认为，乡村振兴战略主要体现出了从城乡统筹到城乡一体化再到乡村振兴的清晰脉络，这一战略的实施既保持了支持“三农”发展整体思路的完整性，又确保了目标任务实现的连续性；同时，也在新的历史阶段，拓展出了新的思路和新的目标。还有学者认为，乡村振兴战略是城乡统筹融合发展的再度深化，促进了政府与市场之间的良性合作和有机配合。乡村振兴战略打造了新农村建设“升级版”，构建了新农村发展“转换器”，实现了从“重视农业现代化”到“农业农村现代化”和从“农村单一发展”到“农村综合发展”的转变。从具体实施路径来看，一些学者认为，乡村振兴战略的本质是重塑城乡关系，促进城乡融合发展，应实现实施乡村振兴战略与推进新型城镇化的“双轮驱动”。实施乡村振兴战略的关键在于抓住人才、土地、资金三大资源要素，从人才培养、产业发展、体制创新、科技创新四个方面全面推进乡村振兴战略实施。还有一些学者认为，“人才、土地、资金”是乡村振兴战略实施的主线，而城乡资源要素流动和产业融合发展是乡村振兴的基础途径，因此，构建城乡分工、新型农业体系是乡村振兴战略实施的关键。

2. 实施路径

跟国外相比，国内的专家学者对于财政扶持政策与乡村经济发展两者关系的研究起步较晚，当前关于乡村振兴的财政政策研究仍然较少，大部分是从投入角度来进行研究的，主要是在乡村振兴发展方面建立健全投入保障制度，创新投融资体制机制，加快构建多样化的投入格局。国内的专家学者是从农村经济体制改革之后，才开始逐渐关注到财政扶持政策与乡村经济发展两者关系的。这些专家学者的研究结论，对于促进乡村经济发展、缩小城乡差距，全面推进乡村振兴战略的实施有着重要的理论意义和实践意义。有学者对农业与乡村经济发展两者之间的关系进行了研究和分析，得出的结论是，农业是中国国民经济发展的根基所在，农业经济发展的速度对我国国民经济发展的速度有着非常直接而深远的影响，农业经济发展在我国乡村经济发展中的地位重要性显而易见。党和国家高度重视农业现代化的发展，因此各地政府应在农业发展方面不断加大财政扶持资金的投入力度。有学者指出，党中央和国务院提出乡村振兴战略，不仅是为了解决中国的经济发展问题，也是为了从深层次解决“三农”问题，更是为了着力解决新时代城市和乡村发展不平衡不充分的问题，财政扶持政策的实施，在促进乡村经济发展方面起到了至关重要的作用。财政在乡村振兴战略实施过程中，发挥着至关重要的作用，财政作为实施乡村振兴战略的重要政策工具和手段，通过财政支出为乡村经济社会发展提供财政资金保障；同时，现代财政制度建设的深入推进也为全面推进实施乡村振兴战略，提供了基础性制度保障。

3. 智慧乡村

“智慧乡村”概念见诸期刊最早是在 2012 年。学术界对“智慧乡村”概念的界定，主要从延伸“智慧城市”概念和新兴技术在乡村建设中的应用等角度展开。

一是“城市延伸论”。智慧乡村是依托于智慧城市所拥有的物联网、云计算、数据挖掘、知识管理等新兴技术，构建一个农村发展的智慧环境，以提高农村规划、建设、管理、服务的智能化水平，是信息时代背景下农村创新发展的重要战略选择。有学者认为，智慧乡村是智慧城市的无缝衔接，是以智慧的理念来管理农村，以智慧的方式来发展农村，以智慧的手段来建设农村，以增强农村的活力和吸引力。由于城乡各自定位的不同和发展差异的存在，智慧乡村在发展思路、建设重点、核心特征等方面具有自身特有的属性，在不断地试错与改进过程中，还需要充分体现智慧乡村建设特有的信息化、多元化和专业化。

二是“新兴概念论”。智慧乡村是区别智慧城市的一种新兴概念体，是基于海量信息和智能过滤形成的乡村发展新范式和新形态。有学者认为，智慧乡村是基于现在最先进的物联网技术，尽可能优化整合乡村的各种资源，建设一个无城乡隔阂的现代化农村。还有学者从数字化智能治理在乡村的扩展和应用切入，提出智慧化乡村建设是运用新科技、新技术，推进乡村数字化建设和实现村民智能生活的新型治理活动。

三是“新技术运用论”。该观点认为，智慧乡村是指通信网和互联网等新兴技术在乡村的实现，通过“物联网+农业”“智能技术+旅游”“互联网+乡村”等途径，最终实现智慧农业、智慧旅游、智慧乡村。如在农业应用层面，可通过感知技术同智能装置的结合感知识别物理世界，并利用网络传输和数据处理技术实现人与物、物与物的信息交互和无缝连接，从而实现对物理世界的实时检测、动态管控和精准科学决策；在旅游应用层面，基于新一代信息技术的应用，不断提升旅游服务质量、创新旅游管理方式和优化旅游资源利用，以此来增强旅游企业竞争力，扩大行业规模。

在智慧乡村基本建设内容方面，学界指出，智慧乡村建设主要指依托大数据、云计算和物联网等新兴技术，构建综合型、服务型的乡村发展模式，从而促进乡村协调发展的过程。有学者从城乡一体化视角切入，认为智慧乡村建设应包括智慧农业、智慧农民、智慧医疗、智慧交通四个方面。有学者聚焦于智慧化的实际应用，认为智慧化的基础设施、智慧化的民众应用、智慧化的产业应用是智慧乡村建设的基本内容。有学者结合智慧城市建设的相关经验，按照乡村振兴战略的总要求，提出构建智慧乡村建设体系，以实现乡村产业智慧化、环保智慧化、建设智慧化、治理智慧化和服务智慧化。

在具体实施层面，学界的研究聚焦于四大视角。

一是政务优化视角。在深刻认识智慧乡村内涵的基础上，有预见性地制定相关规划和政策，是确保智慧乡村建设顺利推进的前提。智慧政府需做“为民、务实、清廉”的“大管家”，转管理为服务，摒弃单纯的“技术应用”和“智能管控”，做到因地制宜、量力而行、有序发展。同时，要把智慧基础设施建设主攻方向放在信息化建设上，确保智慧化政策规划落实到位，加快推进整体设计和试点申建、鼓励地方自主创新、加强人才队伍建设、积极引导资本下乡、加强财政和金融支持，完善智慧乡村建设的政策支持体系，通过科学规划、多方试点，逐步完善智慧乡村发展理论。

二是数据治理视角。在大数据嵌入乡村治理创新的过程中，政府需要与当地科研院所、高校等开展合作，培育乡村治理各主体的数据治理理念，夯实乡村治理的“软件基础”；同时，加强乡村信息基础设施建设，为构筑大数据嵌入乡村治理创新的“硬件保障”提供支持。

三是多元共治视角。推进智慧乡村建设需要构建政府—市场—社会的合作平台，通过充分发挥不同治理主体的作用，提升智慧治理的现实绩效。坚持政府主导，加大政策支持力度。引导人民群众参与政务信息资源整合与共享机制的建设，通过开展民众讨论会、召开座谈会等，增强群众的建设意愿。鼓励多方参与智慧乡村建设，推进智慧乡村从由政府主导到市场主导的发展转变。

四是可持续发展视角。有学者主张数字化、网络化、智能化融合，通过突出乡村特色、加大政策支持力度、开展试点示范工作、鼓励民间资本进入、强化科技支撑、加强人才建设等举措，加快推进智慧乡村建设。有学者认为，人才建设是实现智慧乡村可持续发展的关键，乡村要多措并举开展人才队伍建设，通过推进乡村教育信息化建设，提升人民群众受教育水平和信息技术应用技能。同时，要有针对性地培养村级干部或高学历年轻人，让其组建智慧乡村互助小组，帮助村民真正认识信息化的便捷优势，激发村民学习新事物的热情。有学者认为，要通过加强人才建设，解决人才缺失的问题，培育信息化人才和智慧农民，让智慧乡村建设具备持续发展的动力。

4. 评价指标

实施乡村振兴战略意义重大，影响深远。为及时纠偏纠错，确保乡村振兴如期取得实效，我国迫切需要建立一套科学合理的评价指标体系，对乡村振兴推进情况进行定量评价和动态监测，从而为政府考核监督与建立有效的激励约束机制提供参考依据。依据不同的评价标准，当前学术界从不同角度构建了乡村振兴评价指标体系。

从国家层面来看，有学者以乡村振兴战略“20 字方针”为依据，将产业兴旺、治理有效、乡风文明、生活富裕、生态宜居五大方面作为一级指标，因地制宜地分析不同地区一级指标的内涵与目标，有针对性地下设不同的二级、三级指标，形成各具特色的乡村振兴水平评价指标体系。还有学者在“20 字方针”的基础上，增加了农业农村优先及城乡融合发展指标项，形成了由 6 个一级指标、21 个二级指标、55 个三级指标构成的乡村振兴水平评价指标体系，并具体测算了全国和地方层面的乡村振兴水平与进展情况。

从区域层面来看，一些学者选取中部六省、长江经济带、长三角地区等进行多省域评价；一些学者以湖南、海南、云南为例实证分析了单一省份的乡村振兴水平；还有学者则通过抽样调查的方法，对福建、安徽等省份的村庄进行研究，挖掘乡村振兴的潜力与效度。此外，河南、浙江、上海也相继制定了具有本地特色和应用价值的指标体系。

还有一些学者对乡村振兴的专项进行研究，分别从产业振兴、乡村治理、城乡关系、乡村振兴评价、乡村旅游等方面开展评价。

（二）国外乡村振兴理论研究

1. 苏联发展理论

20 世纪 50—70 年代，我国深受苏联农业经济发展思想影响，在实际的经济发展模式上也选择了“以工业为主导，以农业为基础”的经济发展战略。苏联的农村发展理论是计划经济的一大要点，其最基本特征是建立了统购统销制度，以农业支援工业化进程，其策略是为了完成“社会主义的原始积累”。苏联的农村发展理论主要有以下两种。

协调发展理论。协调发展理论十分强调农民问题和工农联盟的重要性，指出农业劳动生产率和农业商品率是工业积累与发展的基础。牺牲农民利益不仅不能加快工业化步伐，而且危及国家统治。该理论主张工业化的完成应通过自我积累，以吸收存款、征收公税等正常积累方式取得；强调国民经济计划不能脱离市场机制，对于农村经济应通过与之建立市场联系，将其引导至社会主义的轨道上。该理论强调，通过发展农业，扩大对轻工业品的需求，从而促进轻工业发展，为工业化创造巨大的市场和发展动力，从而使工农业经济得以协调发展。这一理论虽然未能得到坚持执行，但是其后来成为大部分社会主义国家经济结构调整的重要理论来源。

超工业化理论。超工业化理论认为，社会主义过渡时期存在着社会主义原始积累规律和市场价值规律两个对立的调节者，两者有各自的调节范围，因此计划经济与市场经济是对立关系。该理论主张利用国家垄断地位，运用工农业产品的不等价交换，对非社会主义经济成分采用高税收、高通胀等方式强制性地获得工业化积累。该理论使农业成为工业的资金及劳动力来源，并在社会主义建设中产生了极大影响。

2. 西方发展理论

自20世纪80年代以来，随着苏联传统农业经济体制退出历史舞台，新型社会主义市场农村经济体制的建立，我国更多地参考了西方发展经济学的理论，其中影响较为深刻的理论有以下两种。

比较优势贸易理论。大卫·李嘉图在其代表作《政治经济学及赋税原理》中提出了比较成本贸易理论（后人称为“比较优势贸易理论”）。比较优势贸易理论认为，国际贸易的基础是生产技术的相对差别（而非绝对差别），以及由此产生的相对成本的差别。每个国家都应根据“两利相权取其重，两弊相权取其轻”的原则，集中生产并出口其具有“比较优势”的产品，进口其具有“比较劣势”的产品。比较优势贸易理论在更普遍的基础上解释了贸易产生的基础和贸易利得，大大发展了绝对优势贸易理论。

诱导创新理论。诱导创新理论认为，农村增长道路是多元的，一个国家的农村发展应根据不同的要素禀赋选择不同的增长道路。例如，劳动力丰富而土地资源贫乏的国家应该走生物和化学技术进步道路；劳动力稀缺而土地面积丰富的国家应该走机械技术进步道路。该理论认为，市场需求决定创新配置，认识到单纯地把发达国家的农业技术直接移植到发展中国家可能导致高度无效率的增长。

三、部分学术文献研究综述

（一）《近代中国乡村改造之社会转向》

19世纪80年代后，农村社会学、农村经济学以及社会（文化）人类学等理论从欧美国家和日本传入我国，进而演变为改造农村的社会运动。中国近代农村社会学直接或间接承自美国，有倡导实用性、内容涵盖范围广、方式上以“农村问题”替代先前的“农业问题”“农民问题”等表述的特点。20 世纪以来的社会化思潮主张以社会化的途径寻求农村问题的根本解决，而广义的农村社会化或农村生活社会化实际上导向构建现代乡村文明，在社会视野下协调解决城乡与工农关系是中国解决农村问题不可回避的议题。

回顾中国近百年乡村改造和建设进程，以历史的眼光辩证地审视各派理论及实践，可得出以下结论：一是各派的实践与中国共产党的土地革命路线的“根本解决、彻底改造”有本质区别，而历史证明改良在中国是行不通的；二是唯有先取得新民主主义革命胜利，改变半殖民地半封建状态，完成社会化改造任务，才是中国唯一可行的正确道路，不可混同“改造”与“建设”，或以“建设”替代“改造”；三是任何无视土地分配问题的方案，都不能代表农民群众的愿望，唯有中国共产党土地改革和农村政策能代表广大农民的利益与诉求，获得广大群众的衷心拥护和支持。

（二）《改革开放 40 年中国农村发展战略的阶段性演变及其理论总结》

《改革开放 40 年中国农村发展战略的阶段性演变及其理论总结》，回顾梳理并总结了改革开放 40 年来中共中央、国务院关于农村的发展战略和实践，进行了阶段性划分，并在此基础上基于乡村振兴战略思考农村的进一步发展。

第一阶段（1978—1988 年），中国的农村发展战略可总结为以“家庭联产承包责任制”和“粮食产量战略”为核心的体制改革，是中国经济体制改革的起点，基本解决了全国人民的温饱问题。

第二阶段（1989—1997 年），可概括为“农业和乡镇企业并举”战略，或“米袋子”“菜篮子”“钱袋子”战略。其重点措施为稳定和完善土地家庭承包制、粮食生产和流通体制改革、大棚栽培和人工规模化养殖技术提高，将促进乡镇企业发展提升至国家农村发展战略高度。

第三阶段（1998—2003 年），可概括为“减负增收、粮食流通体制改革和小城镇战略”，其重点措施包括《中华人民共和国土地承包法》的颁布、税费改革、粮食流通的市场化改革、退耕还林、小城镇建设。

第四阶段（2004—2012 年），可概括为“三农”统筹、城乡统筹与新农村建设战略，该阶段我国继续稳定和完善家庭承包制，废除农业税，实施粮食直接补贴政策，抓农业质量和食品安全、“三农”统筹和城乡统筹、农村教育和农民素质，开展新农村建设。

第五阶段（2012 年至今），该阶段的重点是新一轮土地制度改革完善与乡村振兴战略，我国重新重视集体经济（股份合作制），强调赋予农民对集体资产股份拥有、收益、有偿退出及抵押、担保、继承权，同时进行高质量城镇化。

从农村发展战略和农村经济体制改革的过程中可提炼出一系列理论，包括土地家庭承包制作为不完全契约理论引申出的开放性契约理论，土地流转集中和工业化与城市化对农民长期利益的重要性，政府征地的“补偿与否”和“补偿标准高低”的理论解释，基于现实对农村土地“三权分置”（所有权、承包权、经营权）而非私有化的权衡，种粮直接补贴政策的效应等。

乡村振兴战略立足工业化与城市化的大背景，是对过往农村发展战略延续和提升的长期战略，其关键是人的振兴，兼顾农村与新型城镇化统筹。该战略自实施以来反映出了一些问题，包括农民本身积极性不够、实施中对人本身的重视不够、基础设施建设效率低、“样板工程”现象、对乡村旅游过度重视等。

（三）《乡村建设与全面小康社会的实践逻辑》

乡村建设是全面小康社会建设的基础，也是我国全面小康社会建设中的重点与难点，小康社会建设和乡村建设重启同样是中国现代化建设及发展进程中的主要推动力。《乡村建设与全面小康社会的实践逻辑》

将全面小康社会和乡村建设放在现代化与现代性分析框架中以发展社会学视角进行讨论。现代性分析框架分为三个维度：价值维度，制度（政策）和结构维度，行动者主体性自觉以及美好生活追求维度。这三个维度在实践中共存共生，相互支持、相互影响。

“小康社会”这一概念具有与时俱进的现代性价值内涵，其一直承载着引领改革开放后现代化建设战略的重任。乡村建设发展滞后对全面小康社会建设的影响不仅限于经济收入，也体现在生态、文明、社会、民主、健康等关键现代性价值上。

乡村建设的重点与难点主要在于对原有制度与政策的结构破解、创新及重塑上。在社会现代化过程中，中国面临独特的城乡二元社会体制（计划体制），在城乡二元经济基础上增生了城乡二元社会，因此精准扶贫是事关全面小康社会能否建成的关键性工作。尽管破除旧有的城乡不平等政策体制已取得一定进展，但距离乡村振兴和农业农村现代化目标的实现还有很长的路要走。

主体性自觉以及美好生活追求维度上的目标让更多的人愿意留在乡村、投身乡村发展和建设，其实现基础是调动村民对美好生活的追求以及切实让其感觉到能实现这样的追求，其中农村青壮年对乡村建设的主体性自觉至关重要。因此，乡村建设一大关键点是让人们重新发现乡村价值，让人们感受到在参与乡村建设中实现对美好生活追求的现实可能性。

（四）《从特色田园乡村实践探讨我国乡村振兴的路径》

改革开放后，快速发展的城镇化与工业化引发了中国乡村发展的变迁和困境。为了应对乡村发展问题，党的十九大报告提出乡村振兴的国家战略，积极出台了一系列政策以推进新型城镇化和城乡关系重构。回顾进入 21 世纪以来的中国乡村规划建设历程，我国乡村建设经历了从基础环境整治阶段（2002—2011 年）到人居环境改善阶段（2012—2017 年），最后以乡村振兴战略为标志进入多元价值挖掘阶段。

工业化背景下的城乡发展是一个国际命题，各国走出了各具特色的发展道路。法国对不同类型乡村进行差异化的发展引导；德国通过政策体系让城乡居民享有同等生活条件；日本形成政府支持下村民主导社区营造组织模式。英国和德国重视产业发展与城乡融合的关系，日本和法国通过政策法规推动乡村发展。

江苏特色田园乡村实践取得了突出成效，各级政府部门建立了完整联动的工作机制来整合政策和资金，各方力量共同参与乡村建设，将创新与增收相结合实现乡村致富。

在乡村振兴中，应引导城乡之间各类要素双向流动以实现融合发展，注重片区多村联动、区域一体化的整体振兴。推动乡村振兴需要集体经济组织、国有企业、政府等多元主体协调共进，在改善物质环境的同时形成现代化多元乡村治理模式。

（五）《基于“共同缔造”理念的乡村规划建设模式研究——以溧阳市塘马村为例》

“共同缔造”理念在我国乡村建设领域多有涉及，溧阳市作为江苏省乡村振兴的“排头兵”在“共同缔造”理念的实践中做出了突破性探索。溧阳市乡村共同缔造工作机制起步较早，纵向上“上下结合、层层递进”，横向上“内外同步、多元一体”，以村庄建设发展平台公司为核心实现共同缔造。

塘马村作为江苏省省级特色田园乡村试点，引入多元主体参与建设，通过“共同缔造”的“五共”核心理念（多主体共谋、陪伴式共建、睦邻社共管、多层次共评、全要素共享），实现了全面乡村振兴。

在多主体共谋方面，溧阳市联席办牵头成立塘马联合设计工作组，国企牵头搭建建设发展平台公司，明确发展路径，形成高效稳定的自我运作模式。在陪伴式共建方面，分为陪伴式服务和陪伴式设计。塘马陪伴式共建队伍包含设计联合体、施工联合体和村民，全程共同工作，塘马村的村庄设计以营造睦邻空间为出发点，在原有村庄空间基础上进行微改造，使用乡土材料、植入文化内核。在睦邻社共管方面，塘马“睦邻社”通过“九个朋友圈”“百姓议事堂”“睦邻管家”3项突破性制度，将村民纳入乡村自治体系。在多层次共评方面，塘马村规划建设积极参与省级与市级各类乡村评比工作，同时制定“自下而上”的乡村自评制度。在全要素共享方面，塘马村将村庄空间与外来人群共享，创立战略基地，创造性引入“我家自留地”的田园共享模式以兑现闲置土地的经济价值。

（六）《基于小农户生产的扶贫实践与理论探索——以“巢状市场小农扶贫试验”为例》

当前，中国扶贫工作的重点在于深度贫困地区和深度贫困人口，且其主要是小农户，而生产扶贫或产业扶贫是最重要的举措，但产业扶贫在带动小农户脱贫过程中常遇到一些瓶颈。在产业扶贫难以覆盖或不适合的情况下，能够将贫困小农户的生产与现代社会需求相联结的多元扶贫新机制成为探索方向。“巢状市场”是一种小农户与城市消费者建立直接链接的主流市场之外的新型市场形式。中国农业大学研究团队自2010年起在河北省太行山区的青林乡开展的“巢状市场小农扶贫试验”具有代表性。

“巢状市场小农扶贫试验”的目标是通过发展适合贫困小农户特征的“另一种产业”（以农户所拥有的生计资源为基础调动农户的主体性和能动性）和创造将农村贫困生产者与城市普通消费者直接联结起来的“另一种市场”（在农村生产者与城市消费者之间形成的直接对接、实名、有相对固定边界以及具有一定认同和信任的食物消费市场，即“巢状市场”），来探索瞄准深度贫困人口的“另一种生产扶贫方式”。以青林乡柳村的实践为例，研究团队通过推动村庄内部的组织与合作和对城市消费者群体的动员与拓展，形成了以农产品为核心的相对稳定的

“生产—消费”对接关系和相对固定的消费者群体。

从市场特点来说，“巢状市场”与伴随全球化过程兴起并扩张的主流市场（以下简称“无限市场”）不同，不存在“食物帝国”等中间环节的控制，而是旨在建立食物生产者与消费者的直接对接，创造一种生产者（直接从事农业生产和产品加工的无数个个体小农）与消费者共同拥有、合作互惠的地方性市场，食物价值链的收益绝大部分归个体小农所有，生产者与消费者具有共同的价值基础和目标定位，人与人之间建立起基于使用价值关系和信任关系的市场。

无限市场的“产业扶贫”和巢状市场的“小农扶贫”两种生产扶贫方式，前者主要依赖来自村庄内部或外部的产业资源，采用农业企业的生产模式提供高度专门化的“一村一品”；而后者主要依赖贫困小农户的生计资源，采用小农农业的生产模式，通过“巢状市场”向城市消费者提供“一村多品”。

试验证明，“巢状市场”小农扶贫可以成为更精准的扶贫和乡村振兴模式，带动贫困小农户脱贫增收，贫困户能够普遍参与，收入稳定而持续，促进城乡关系和谐发展，同时改善村庄文化和生态环境，是小农户与现代社会有机衔接的一种创新和探索。

（七）《都市近郊区乡村振兴规划探索——全域土地综合整治背景下桐庐乡村振兴规划实践》

都市近郊是指与都市主城通勤在1小时左右的交通圈范围内区域，是美丽乡村建设的代表区域，也是城乡融合发展的前沿地区，其间城乡要素流动频繁密切，机遇与问题并存。在当前乡村振兴大背景下，都市近郊成为乡村振兴的热点地区，社会资本与诸多发展要素进入，体现出明显的城乡融合发展态势。

浙江省提出“全域土地综合整治与生态修复工程”，对乡村资源进行梳理整合和优化利用，以支持乡村振兴过程的实施落地。桐庐距离杭州主城1小时左右车程，是中国美丽城乡教育培训中心所在地，极大承接了都市人流与资本，受市场的推动，“自下而上”发展的动力强，加入了杭州世界名城的共建，形成双向流动、互为融合的新型城乡关系。

尽管桐庐拥有与杭州和长三角旅游市场一样的交通优势以及优质的自然文化资源，但其资源未做整合，缺乏使资源有效激活、要素有效流通的转化通道，同时发展上存在地域不均衡、发展不全面、人口持续外流的问题。碎片化的乡村土地空间、规划立项审查烦琐，以及土地权属判定、闲置资产再利用困难等都制约了桐庐的乡村发展。

在未来的乡村振兴规划路径与对策上，桐庐应基于优势条件发展“通道共建+服务共享”的乡村振兴模式。一是通过加强与杭州互动搭建顶部通道项目库，在底部通道梳理承接空间，以实施通道对接转换、资源的激活与转化；二是在服务共享方面突出城乡融合发展的理念来进行发展建设。

桐庐应以“美丽经济、全域景区、人人文明、崇德尚法、幸福向往”五大要素为核心进行综合发展。“美丽经济”重点围绕保障经济、特色经济、旅游经济、服务经济、数字经济、创新经济和集体经济等七大美丽经济，开展乡村产业的多元化建设；“全域景区”注重将景区资源串联进行建设；“人人文明、崇德尚法、幸福向往”注重围绕古迹保护、智慧农村、公共服务开展乡风治理工作。

在当前国土空间规划控制总量、优化增量、盘活存量、释放流量、实现减量的发展要求下，乡村振兴规划必须以全域整治的手段优化资源布局。其重点工作包括：以保生态、重生产、控建设为导向，统筹协调“三区三线”进行规划；通过全域土地综合整治优化土地利用结构、空间布局等；探索适合坡地村镇建设的空间。在乡村振兴规划中，应注重以实施为导向，兼顾制度设计和规划技术方法创新，政府推动、村民主体参与的同时强调上下联动，实现“自下而上”的自主发展。

乡村振兴实践篇

第三章　乡村振兴的实施背景

一、“后脱贫时代乡”村振兴的总体要求

习近平总书记指出：“脱贫摘帽不是终点，而是新生活、新奋斗的起点。接下来要做好乡村振兴这篇大文章，推动乡村产业、人才、文化、生态、组织等全面振兴。”

2021 年 2 月，全国脱贫攻坚总结表彰大会的召开标志着我国脱贫攻坚取得了全面胜利。现行标准下 9899 万农村贫困人口全部脱贫，832 个贫困县全部“摘帽”，12.8 万个贫困村全部出列，区域性整体贫困得到解决，完成了消除绝对贫困的艰巨任务。贫困人口全面实现“两不愁三保障”，根据国家农村贫困监测调查，2020 年国家贫困县农村居民人均可支配收入为 12588 元，党的十八大以来年均增长 11.6%，高于全国农村居民 2.3 个百分点。在吃方面，建档立卡户平常都能吃得饱不挨饿，能够摄入身体所需的蛋白质；在穿方面，一年四季都有应季的换洗衣物和御寒被褥；在义务教育方面，适龄少年儿童除因身体原因不具备学习条件外，都有学上、上得起学，绝大多数在校就学，少量因特殊情况不能到校的送教上门；在基本医疗方面，建档立卡人口都被纳入基本医疗保险、大病保险和医疗救助等制度保障范围；在住房安全方面，原住房经鉴定或评定不安全的，均通过危房改造、易地扶贫搬迁等有效措

施，保障建档立卡户都住上了安全住房。此外，在饮用水安全方面，建档立卡户生活饮用水达到了当地农村安全饮用水评价准则的要求，能及时、方便地获得足量、洁净的生活饮用水。

精准帮扶政策的有效落实，对贫困人口全面实现脱贫发挥了关键作用。产业、就业、健康、教育、危房改造、易地扶贫搬迁、社会保障、残疾人、生态扶贫等方面的帮扶政策瞄定贫困人口精准发力，因村、因户、因人施策，因贫困原因施策，因贫困类型施策，符合条件的建档立卡户按实际情况均不同程度地享受过相关帮扶政策。

脱贫攻坚战取得伟大胜利后，习近平总书记强调，要加快建立防止返贫的监测和帮扶机制，对脱贫不稳定户、边缘易致贫户以及因新冠肺炎疫情或其他原因收入骤减或支出骤增的农户加强监测，提前采取针对性的帮扶措施，不能等他们返贫了再补救。因此，后脱贫时代仍需持续用力培育长效脱贫机制、健全完善防止返贫体系，及时化解返贫风险、巩固脱贫成果。对易返贫致贫人口要加强监测，做到早发现、早干预、早帮扶。我国发展不平衡不充分的问题仍然突出，脱贫的地区和人口依然面临着较大的返贫风险，相当一部分脱贫户虽然基本生活有了保障，但是收入水平仍然不高，脱贫基础还比较薄弱，抗风险能力差，巩固拓展脱贫攻坚成果的任务依然艰巨。一旦放松警惕，返贫现象不可避免。

2011—2020 年我国农村贫困人口及贫困发生率情况如图 3-1 所示。

脱贫攻坚完成后，中央密集出台了多项政策文件，推进脱贫攻坚与乡村振兴有效衔接，重点体现在以下四个方面。

一是强化党在脱贫攻坚与乡村振兴上的指导。以习近平新时代中国特色社会主义思想为指导，坚持中央统筹、省负总责、市县乡抓落实的工作机制，充分发挥各级党委总揽全局、协调各方的领导作用，省、市、县、乡、村五级书记抓巩固拓展脱贫攻坚成果和乡村振兴，健全乡村振兴领导体制与工作体系。

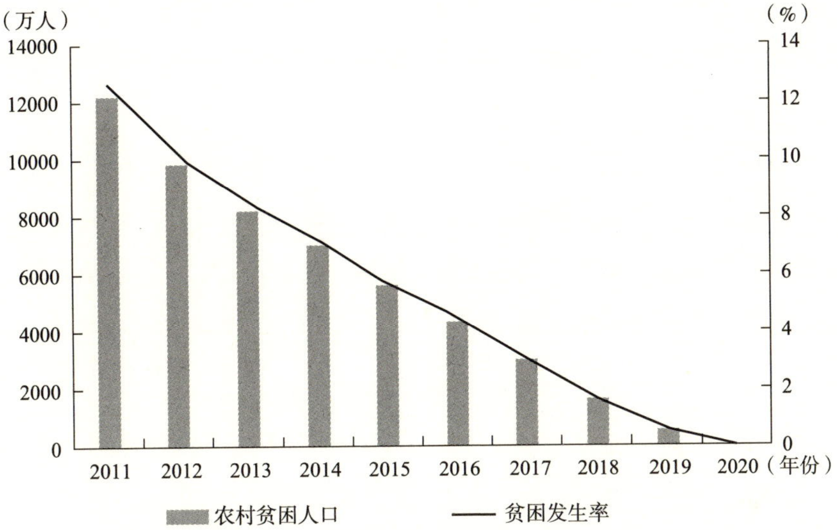

图 3-1　2011—2020 年我国农村贫困人口及贫困发生率情况

资料来源：国家统计局。

二是保持脱贫攻坚政策的延续性。过渡期内保持现有主要帮扶政策总体稳定，对脱贫县、脱贫村、脱贫人口“扶上马、送一程”，确保脱贫群众不返贫。在主要帮扶政策保持总体稳定的基础上，分类优化调整，合理把握调整节奏、力度和时限，增强脱贫稳定性。过渡期内严格落实“四个不摘”要求，摘帽不摘责任，防止松劲懈怠；摘帽不摘政策，防止“急刹车”；摘帽不摘帮扶，防止一撤了之；摘帽不摘监管，防止贫困反弹。

三是做好产业和人才文章，培育“造血”机制。脱贫攻坚与乡村振兴要防止政策养懒汉和泛福利化倾向，激励有劳动能力的低收入人口勤劳致富。坚持以人民为中心的发展思想，坚持共同富裕方向，加快推进脱贫地区乡村产业、人才、文化、生态、组织等全面振兴，为全面建设社会主义现代化国家开好局、起好步，奠定坚实基础。

四是坚持政府推动引导、社会市场协同发力。坚持和完善东西部协作和对口支援、社会力量参与帮扶机制，在保持现有结对关系基本稳定和加强现有经济联系的基础上，调整优化结对帮扶关系，将现行一对多、多对一的帮扶办法，调整为原则上一个东部地区省份帮扶一个西部地区省份的长期固定结对帮扶关系。坚持行政推动与市场机制有机结合，发挥集中力量办大事的优势，广泛动员社会力量参与，形成巩固拓展脱贫攻坚成果、全面推进乡村振兴的强大合力。

专栏2　脱贫攻坚核心指标解释

一、“两不愁三保障”

两不愁：不愁吃、不愁穿。

三保障：义务教育有保障、基本医疗有保障、住房安全有保障。

二、贫困县“一低三有”

一低：贫困县退出当年综合贫困发生率低于3%。

三有：乡有标准中心校、乡有达标卫生院、乡有便民服务中心。

三、贫困村“一低五有”

一低：贫困发生率低于3%。

五有：有集体经济收入（人均6元以上）、村有硬化路［乡（镇）政府所在地或上级路网至建制村村委会驻地（村小学）通硬化路］、有卫生室（30平方米以上）、有文化室（20平方米以上）、有通信网络［以窄带（拨号上网、GPRS等）或宽带（ADSL、3G、4G、光纤等）方式，实现至少村委会（学校）有通信网络］。

四、贫困户“一超六有”

一超：贫困户年人均纯收入超过国家、省定脱贫标准（4100元）。

六有：义务教育有保障、基本医疗有保障、住房安全有保障、有安全饮用水、有广播电视、有生活用电。

五、群众认可度

群众认可度：调查户对脱贫攻坚政策、帮扶措施及成效、脱贫退出、干部帮扶的认可。群众认可度=调查户中认可户数/调查总户数×100%。群众认可度低于90%的，贫困县不得退出。

专栏3　退出验收标准

一、贫困人口退出验收标准

贫困人口脱贫以户为单位，主要衡量标准是该户年人均纯收入稳定超过国家扶贫标准且不愁吃、不愁穿，有安全饮用水，义务教育有保障，基本医疗有保障，住房安全有保障，共6项指标，若均为否决指标，则全部达标后方可退出。

1. 年人均纯收入稳定超过国家扶贫标准

2017年省定标准为3700元，2018年贫困人口退出的收入标准工作目标为稳定超过3500元，以后年度按照国家公布的扶贫标准，在当年脱贫验收实施方案中明确。人均纯收入采取国家统计局现行的农民人均可支配收入指标体系，结合稳定脱贫所需的收入可持续性要求进行计算。

2. 不愁吃、不愁穿

贫困家庭成员不为吃穿发愁，家有余粮或有钱购粮，所有成员四季有衣换，能满足日常生活需求。

3. 有安全饮用水

水量够用，每人每天不低于20升；取水方便，供水到户或人力取水往返时间不超过20分钟（或取水水平距离不超过800米、垂直距离不超过80米）；水质和供水保证率符合《农村饮水安全评价准则》有关规定；用水方式，包括自来水、集中供水点、水窖或其他储水设备，小电井、引泉和大口井等。

4. 义务教育有保障

建档立卡贫困家庭适龄学生能接受九年义务教育，并享受“两免一补”和“营养餐”教育资助政策，无因贫失学、辍学（因病休学和因残疾、智障而不能上学、休学或辍学的除外）。

5. 基本医疗有保障

“贫困人口全部纳入城乡居民基本医疗保险、大病保险和医疗救助保障范围，并享受了参保费用补贴政策和相关特惠政策。”

6. 住房安全有保障

贫困人口有安全住房，省上对安全住房按照农户自建、实施危房改造、实施易地扶贫搬迁三类分别制定了验收标准，验收时要每户出具农村房屋安全鉴定报告和住房安全达标认定书。

二、贫困村退出验收标准

贫困村退出以贫困发生率为主要衡量指标，统筹考虑村内产业发展、基础设施和基本公共服务等综合因素。

1. 贫困发生率

贫困发生率=（贫困村贫困人口÷贫困村农村人口）×100%

贫困村农村人口指本村常住人口。贫困发生率降至3%以下，该项指标达到退出验收标准。

2. 产业发展

有主导产业；有农民专业合作组织覆盖；有集体经济收入。

3. 基础设施

建制村通硬化路；自然村通动力电；人居环境达到干净整洁的基本要求。

4. 基本公共服务

义务教育阶段适龄学生有学上；有村卫生室（乡镇卫生院所在村可不设村卫生室）；贫困人口基本养老保险全覆盖；最低生活保障应保尽保。

三、贫困县退出验收标准

贫困县的退出验收是针对全县所有农户、所有村，既包括贫困户、已脱贫户，还包括非贫困户；既包括贫困村，也包括非贫困村。贫困县退出以综合贫困发生率、贫困村退出比例和群众认可度为衡量指标，全部达标后方可退出。

1. 综合贫困发生率

综合贫困发生率低于3%（脱贫人口错退率、贫困人口漏评率低于2%）。

（1）综合贫困发生率。综合贫困发率即建档立卡未脱贫人口、错退人口、漏评人口三项之和，占申请退出贫困县的农业户籍人口的比重，3%以下为达标。

（2）脱贫人口错退率。脱贫人口错退率＝抽样错退人口÷抽样脱贫人口×100%，即抽样错退人口占抽样脱贫人口的比重。

错退人口，指收入没有稳定超过国家扶贫标准、没有稳定实现“两不愁三保障”的建档立卡脱贫人口，计算方法：错退人口=错退率×累计脱贫总人口。

（3）贫困人口漏评率。贫困人口漏评率=调查核实的漏评人口÷抽查村（组）未建档立卡的农业户籍人口×100%，即调查核实的漏评人口占抽查村（组）未建档立卡农业户籍人口的比重。漏评人口，指符合贫困识别标准但未纳入建档立卡的农业户籍人口，计算方法：漏评人口=漏评率×（全县农业户籍人口-建档立卡贫困人口）。

2. 贫困村退出比例

2018 年申请“摘帽”的贫困县达到 80%（含）以上，2019 年达到 90%（含）以上，2020 年当年“摘帽”县和往年已“摘帽”县的所有贫困村全部退出。

3. 群众认可度

群众认可，指脱贫户、县乡村干部、县乡人大代表、县政协委员及贫困户、一般农户等对脱贫攻坚政策、帮扶措施及成效、脱贫退出等认可、认账。验收指标为“群众认可度达到 90%以上”。

二、乡村振兴是实现共同富裕的必经之路

在党的十九届五中全会上，中共中央首次提出把“全体人民共同富裕取得更为明显的实质性进展”纳入“十四五”规划和 2035 年远景目标，提出到 2035 年，人民生活更加美好，人的全面发展、全体人民共同富裕取得更为明显的实质性进展。

2021 年 6 月 10 日印发的《中共中央　国务院关于支持浙江高质量发

展建设共同富裕示范区的意见》提出，经济高质量发展、收入分配制度改革、公共服务、人文、生态、社会和睦团结向上等6个大类目标、52个细化目标，并且制定了具体的定量与定性目标，旨在量力而行，循序渐进。

2021年7月1日，习近平总书记在庆祝中国共产党成立100周年大会上的重要讲话中强调，“着力解决发展不平衡不充分问题和人民群众急难愁盼问题，推动人的全面发展、全体人民共同富裕取得更为明显的实质性进展”。

2021年8月17日，中央财经委员会第十次会议提出了研究扎实促进共同富裕问题。在研究制定经济政策的中央财经委员会会议上提出共同富裕的长期政策框架，意味着在新发展阶段，党中央把“共同富裕”摆在更加重要的位置，围绕“共同富裕”的改革将是未来长期政策框架。

我国过去在“效率优先”的快速发展下积累了大量财富，但在新发展阶段要重视在增量发展中侧重财富分配的平衡，在“效率优先”的前提下，加大“兼顾公平”的力度；同时，要认识到，推进共同富裕是一项具备长期性、艰巨性、复杂性的任务，要尽力而为、量力而行、循序渐进，政策的落实需因地制宜探索有效路径，总结经验，逐步推开。

我国乡村振兴有关会议/政策见表3-1。

表3-1 我国乡村振兴有关会议/政策

序号	发布时间	会议/政策	内容
1	2020年10月26日	党的十九届五中全会	扎实推动共同富裕，不断增强人民群众获得感、幸福感、安全感，促进人的全面发展和社会全面进步；到2035年，人民生活更加美好，人的全面发展、全体人民共同富裕取得更为明显的实质性进展
2	2020年11月3日	《中共中央关于制定国民经济和社会发展第十四个五年规划和二〇三五年远景目标的建议》	到2035年我国人均国内生产总值将达到中等发达国家水平，中等收入群体显著扩大，基本公共服务实现均等化，城乡区域发展差距和居民生活水平差距显著缩小。同时，人民生活更加美好，人的全面发展、全体人民共同富裕取得更为明显的实质性进展

续表

序号	发布时间	会议/政策	内容
3	2021年1月11日	省部级主要领导干部研讨班	实现共同富裕不是经济问题，而是关系党的执政基础的重大政治问题；要统筹考虑需要和可能，按照经济社会发展规律循序渐进，自觉主动解决地区差距、城乡差距、收入差距等问题
4	2021年4月30日	中央政治局会议	制定促进共同富裕行动纲要，以城乡居民收入普遍增长支撑内需持续扩大；巩固拓展脱贫攻坚成果，在乡村振兴中持续改善脱贫人口生活
5	2021年6月10日	《中共中央 国务院关于支持浙江高质量发展建设共同富裕示范区的意见》	支持浙江高质量发展建设共同富裕示范区，有利于通过实践进一步丰富共同富裕的思想内涵，有利于探索破解新时代社会主要矛盾的有效途径，有利于为全国推动共同富裕提供省域范例，有利于打造新时代全面展示中国特色社会主义制度优越性的重要窗口
6	2021年7月1日	庆祝中国共产党成立100周年大会	着力解决发展不平衡不充分问题和人民群众急难愁盼问题，推动人的全面发展、全体人民共同富裕取得更为明显的实质性进展
7	2021年8月17日	中央财经委员会第十次会议	共同富裕是社会主义的本质要求，是中国式现代化的重要特征，在高质量发展中促进共同富裕。允许一部分人先富起来，先富带后富、帮后富，重点鼓励辛勤劳动、合法经营、敢于创业的致富带头人。要尽力而为、量力而行，建立科学的公共政策体系，形成人人享有的合理分配格局，同时统筹需要和可能，把保障和改善民生建立在经济发展与财力可持续的基础上，重点加强基础性、普惠性、兜底性民生保障建设。要坚持循序渐进，对共同富裕的长期性、艰巨性、复杂性有充分估计，鼓励各地因地制宜探索有效路径，总结经验，逐步推开

实现共同富裕是社会主义的本质要求，是人民群众的共同期盼，而要实现共同富裕，乡村振兴是必经之路。乡村振兴不仅要巩固脱贫攻坚

成果，而且要以更有力的举措汇聚更强大的力量，加快农业农村现代化步伐。在新发展阶段，我们要把促进农民增收、提升农业供给质量、提高城乡一体化水平作为重点来抓，从而有力推进农业农村现代化，推动全体人民共同富裕迈出坚实步伐。

（一）把握农业农村发展的阶段性特征

改革开放 40 多年来，我国农业农村发展取得了长足进步，特别是党的十八大以来，以习近平同志为核心的党中央把解决好“三农”问题作为全党工作的重中之重，坚持农业农村优先发展总方针，农业农村发展取得了历史性成就，发生了历史性变革。其一，我国粮食年产量连续多年保持在 1.3 万亿斤以上，粮食供给总体充裕。农民人均收入大幅提升，农民生活水平极大提高。其二，农业现代化水平快速提高，农业物质技术装备水平大幅提升，现代生产要素和技术手段已成为农业发展的主要驱动力。其三，随着工业化、城镇化的快速推进，农村的人口结构、产业结构、村庄布局等发生深刻变化，整体跃上新台阶。其四，农村人居环境明显改善，农村改革向纵深推进，农村社会保持和谐稳定。其五，新时代脱贫攻坚目标任务如期完成，现行标准下农村贫困人口全部脱贫，贫困县全部“摘帽”，消除了绝对贫困和区域性整体贫困，创造了人类减贫史上的奇迹。

全面建成小康社会、实现第一个百年奋斗目标之后，我们踏上了全面建设社会主义现代化国家新征程，这给农业农村发展和乡村振兴提出了一系列新的课题，包括要按照“产业兴旺、生态宜居、乡风文明、治理有效、生活富裕”的总要求，促进乡村全面发展；要严守 18 亿亩耕地红线，实施高标准农田建设工程，夯实粮食生产能力基础，提高农业产业化经营水平，确保粮食安全；要推动新型城镇化高质量发展，进一步加大农村公共基础设施和公共服务投入，加快推进城乡基础设施和公共服务一体化；要进一步增加农民收入，大力缩小城乡收入差距，改善农民生活条件，推动农民全面发展；要建立健全巩固拓展脱贫攻坚成果长效机制，提升脱贫地区整体发展水平；等等。总的来看，这些新课题，既是新发展阶段解决好“三农”问题的重要内容，也与实现全体人民共同富裕目标息息相关，需要我们高度关注、切实推进。

（二）促进农民增收是关键

要推动乡村振兴，实现共同富裕，促进农业稳定发展和农民增收是关键。我国要以新发展理念为引领，切实提高农民收入水平，促进全体人民共同富裕。

习近平总书记指出，人民是我们党执政的最深厚基础和最大底气。为人民谋幸福、为民族谋复兴，既是我们党领导现代化建设的出发点和落脚点，也是新发展理念的“根”和“魂”。全面实施乡村振兴战略，要让农民在实现共同富裕上取得更为明显的实质性进展，这是实现农业农村现代化的重要任务，也是衡量农业农村现代化水平的重要尺度。提升农民收入水平的途径有许多，目前要着重在以下四个方面发力：一是进一步推动农村土地“三权分置”改革，赋予农民更多的财产权利，调动农民生产积极性；二是大力发展和壮大村级集体经济，提高村集体和农民个人收入，促进农民持续增收；三是培育新型农业经营主体，加大力度培养新型职业农民，全面提升农村人力资源素质；四是健全防止返贫动态监测和帮扶机制，对易返贫致贫人口及时发现、及时帮扶，同时要高度重视解决农村低收入人口发展增收和民生困难问题，帮助农村低收入人口创造更有保障、更加宽裕的美好生活。

（三）提升农业供给质量是主线

共同富裕重在富裕农民，促进农民增收，而实现农民增收的必由之路是完善农业发展基础，提升农业供给质量，加快农业现代化进程。

农业既是安天下、稳民心的基础产业，又是关乎百姓饭碗和亿万农民生计的民生产业。现阶段我国在农业发展方面还存在诸多弱项和短板，必须加大力度提升农业供给质量，不断夯实农业发展基础。在这一过程中，要扎实推进粮食生产功能区和重要农产品生产保护区建设，不断提高粮食产量，把中国人的饭碗牢牢端在自己手中；要稳定种粮农民补贴，切实保证农民种粮有合理收益，提高农民种粮积极性；要进一步优化农业结构，推动品种培优、品质提升、品牌打造和标准化生产，深入推进优质粮食工程，切实提高农产品供给质量；要加快构建现代养殖体系，全面提高农业产业化经营水平；要优化农产品贸易布局，实施农产品进口多元化战略，支持企业融入全球农产品供应链，向农产品价值链高端迈进；要开展粮食节约行动，依法依规厉行粮食节约，减少生产、流通、加工、存储、消费环节的粮食损耗浪费；要加强农业种质资源保护开发利用，有序推进生物育种产业化应用，切实加强育种领域知识产权保护；坚决守住 18 亿亩耕地红线，统筹布局生态、农业、城镇等功能空间，科学划定各类空间管控边界，严格实行土地用途管制，落实最严格的耕地保护制度；构建现代乡村产业体系，打造农业全产业链，加快健全现代农业全产业链标准体系；推进现代农业经营体系建设，发展壮大农业专业化、社会化服务组织，支持农业产业化龙头企业创新发展、做大做强。

（四）推进城乡一体化建设是基础

推进城乡一体化，是国家现代化的重要标志，也是实现农民全面发展、农业农村全面进步的基础所在。在推进城乡一体化进程中，必须坚持共享发展理念，把改善农村基础设施和提高基本公共服务水平放在重要位置，提升乡村治理水平，进一步夯实乡村振兴基础，推动城乡一体化建设。一是加快推进村庄规划，保护传统村落、传统民居和历史文化名村名镇，使乡村风貌既具有独特的民族特色又富有鲜明的时代气息。二是提升公共基础设施建设和公共服务智能化水平，着力推进公共基础设施往村覆盖、往户延伸，加快实施数字乡村建设发展工程。三是适应城乡居民共享社会发展成果需要，以城乡基本公共服务均等化为重点，把社会事业发展重点放在农村，推进城乡基本公共服务标准统一、制度并轨，实现从形式上的普惠向实质上的公平转变。四是适应绿色发展需要，深入推进村庄清洁和绿化行动，加大农村面源污染防治力度，建立健全人居环境建设的制度规范，加快美丽乡村建设。此外，还要把县域作为城乡融合发展的重要切入点，破除城乡分割的体制弊端，强化县城综合服务能力，把乡镇建设成为服务农民的区域中心。总之，推进城乡一体化，关键要强化统筹谋划和顶层设计，健全城乡一体化体制机制，加快打通城乡要素平等交换、双向流动的制度性通道，既大力实施乡村建设行动，又推进以人为核心的新型城镇化，从而为推动乡村振兴、实现全体人民共同富裕夯实基础。

第四章　乡村振兴的总体思路与核心要素

一、乡村振兴的总体思路

实施乡村振兴战略，是党的十九大做出的重大决策部署，是新时代“三农”工作的总抓手，是关系全面建设社会主义现代化国家的全局性、历史性任务。当前，我们进入实现第二个百年奋斗目标新征程，“三农”工作重心已历史性地转向全面推进乡村振兴。全面推进乡村振兴，必须统筹推进农村经济建设、政治建设、文化建设、社会建设、生态文明建设和党的建设，促进农业全面升级、农村全面进步、农民全面发展。

推动乡村产业振兴。乡村振兴，关键是要产业振兴。产业兴旺是乡村振兴的重要基础，是解决农村一切问题的前提。发展产业既是增强脱贫地区发展基础、增强“造血”功能的主要依托，也是提高脱贫群众收入和发展信心的重要途径。推动乡村产业振兴要紧紧围绕发展现代农业，围绕农村一二三产业融合发展，构建乡村产业体系，实现产业兴旺，把产业发展落实到促进农民增收上来，推动乡村生活富裕；完善农业支持保护制度，发展多种形式适度规模经营，培育新型农业经营主体，健全农业社会化服务体系，实现小农户和现代农业发展有机衔接；发展特色产业、特色经济是加快推进农业农村现代化的重要举措，要因地制宜抓好谋划和落实，鼓励与扶持农民群众立足本地资源发展特色农业、乡村旅游、庭院经济。

推动乡村人才振兴。人才振兴是乡村振兴的基础，要坚持和加强党对乡村人才工作的全面领导。贯彻党管人才原则，将乡村人才振兴纳入党委人才工作总体部署，引导各类人才向农村基层一线流动，打造一支能够担当乡村振兴使命的人才队伍。坚持全面培养、分类施策，围绕全面推进乡村振兴需要，全方位培养各类人才，扩大总量、提高质量、优化结构。尊重乡村发展规律和人才成长规律，针对不同地区、不同类型人才，实施差别化政策措施。坚持多元主体、分工配合，推动政府、培训机构、企业等发挥各自优势，共同参与乡村人才培养，解决制约乡村人才振兴的问题，形成工作合力。坚持广招英才、高效用才，坚持培养与引进相结合、引才与引智相结合，拓宽乡村人才来源，聚天下英才而用之。坚持完善机制、强化保障，深化乡村人才培养、引进、管理、使用、流动、激励等制度改革，完善人才服务乡村激励机制，让农村的机会吸引人，让农村的环境留住人。

推动乡村文化振兴。推动乡村文化振兴是实施乡村振兴战略的重要内容，对于强化乡村全面振兴的思想保障、进一步满足广大农民群众的精神文化需求、创新丰富乡村产业发展业态、保护传承优秀农耕文化具有重要意义。我国农耕文明源远流长、博大精深，是中华优秀传统文化的“根”，我国要在实行自治和法治的同时，注重发挥好德治的作用，推动礼仪之邦、优秀传统文化和法治社会建设相辅相成。要充分认识农村精神文明建设的重大意义，深刻理解物质变精神、精神变物质是辩证的观点，在实施乡村振兴战略过程中始终坚持物质文明和精神文明一起抓，提升农民精神风貌。加强农村思想道德建设和公共文化建设，以社会主义核心价值观为引领，深入挖掘优秀传统农耕文化蕴含的思想观念、人文精神、道德规范，培育挖掘乡土文化人才，弘扬主旋律和社会正气，培育文明乡风、良好家风、淳朴民风，改善农民精神风貌，提高乡村社会文明程度，焕发乡村文明新气象。

推动乡村生态振兴。良好生态环境是农村的最大优势和宝贵财富。“实施乡村振兴战略，一个重要任务就是推行绿色发展方式和生活方式，让生态美起来、环境靓起来，再现山清水秀、天蓝地绿、村美人和的美丽画卷。”推动乡村生态振兴，必须坚持绿色发展，加强农村突出环境问题综合治理，推进农村“厕所革命”和污水、垃圾处理，完善农村生活设施，打造农民安居乐业的美丽家园，让良好生态成为乡村振兴支撑点。持续开展农村人居环境整治行动，打造美丽乡村，为老百姓留住鸟语花香的田园风光。建设社会主义新农村，坚持规划先行，遵循乡村自身发展规律，注意乡土味道，保留乡村风貌，留住田园乡愁。推动污染治理向乡镇、农村延伸，强化农业面源污染治理，明显改善农村人居环境。

推动乡村组织振兴。农村工作千头万绪，抓好农村基层组织建设是关键。农村基层党组织是农村各个组织和各项工作的领导核心，办好农村事情，实现乡村振兴，基层党组织必须坚强，党员队伍必须过硬。无论农村社会结构如何变化，各类经济社会组织如何发育成长，农村基层党组织的领导地位都不能动摇、战斗堡垒作用都不能削弱。要推动乡村组织振兴，打造千千万万个坚强的农村基层党组织，培养千千万万名优秀的农村基层党组织书记，深化村民自治实践，发展农民合作经济组织，建立健全党委领导、政府负责、社会协同、公众参与、法治保障的现代乡村社会治理体制，确保乡村社会充满活力、安定有序。要强化农村基层党组织职能，把农村基层党组织建设成宣传党的主张、贯彻党的决定、领导基层治理、团结动员群众、推动改革发展的坚强战斗堡垒。

二、乡村振兴的核心要素

实施乡村振兴战略的立足点是解决社会主要矛盾，其核心在于协调政策、改革、产业、资本、人才、技术、环境和合作等8个关键要素。

政策是保障，“输血”变“造血”。脱贫攻坚任务完成后，乡村振兴仍需要政策支持，以推动乡村振兴与脱贫攻坚的有效衔接，保障政策的连贯性。认真落实各级政府农村工作会议安排部署，筑牢底线思维，将巩固拓展脱贫攻坚成果放在突出位置，健全防止返贫动态监测和帮扶机制，做到早发现、早干预、早帮扶，持续压实责任，精准施策，补齐短板、消除风险，坚决守住防止规模性返贫的底线，为实现巩固拓展脱贫攻坚成果同乡村振兴有效衔接奠定坚实基础。按照“应纳尽纳、应扶尽扶、应消尽消”原则，在常态化识别管理基础上，一定时间内集中开展一次监测对象动态管理工作，包括监测对象识别、标注风险消除、人口自然增减、信息采集更新等。

改革是动力，基层更善治。充分发挥基层党组织的战斗堡垒作用，带领村民积极参与美丽家园建设。通过“党支部+”“村集体+”“合作社+”“社团组织+”等形式，解决乡村社会“散”的问题，形成地方党委政府引导、市场主导、村民参与、社会协同、法治保障的现代乡村社会治理体制。加强乡镇干部配备，提升干部政治素质，做好群众基础工作，妥善解决矛盾纠纷和问题，做好国家政策和法律法规的普及工作。联合上级政法、基建、公安等部门，深入推进扫黑除恶专项斗争，依法严厉打击对农村生产建设造成严重影响的活动，依法严厉打击危害乡村社会稳定的活动，依法严厉打击侵害农民利益的违法活动，扫除黑恶势力，健全自治、法治、德治相结合的乡村治理体系，让农村家家联系紧起来。

产业是基础，产品变商品。依托绿水青山、乡土文化资源，实施休闲农业和乡村旅游精品工程，建设一批设施完备、功能多样的休闲观光度假园区。发展“旅游+农业”“旅游+电商”“旅游+扶贫”等新业态，打造高品质、个性化、定制化、多元化旅游产品，提升乡村旅游的核心竞争力。充分挖掘和拓展农业多功能性，发展农产品精深加工和农村新兴服务业，延伸产业链、衍生新业态、增加附加值，促进一二三产业融合发展。引进龙头企业，成立合作社，培育和优化观光体验、康体养生等旅游项目，包装推出一批特色农产品进行特色分级和文化挖掘，开发成地域和文化特色鲜明的伴手礼，转化成旅游商品。实施“乡村旅游后备箱工程”，满足旅客对乡村优质农产品的需求。建立电商服务平台，完善物流配送体系，实现网上畅销随时随处可购。

资本是杠杆，村民变股民。充分发挥财政政策、产业政策的引导带动功能，不断增强社会资本投资农业农村的信心，充分调动社会资本投资农业农村的积极性。强化组织功能，鼓励村民积极参与村民自治组织建设，设计合理的权力结构和监督功能，切实代表村民利益。探索建立“党支部+旅游公司+农民合作社+互联网+农户”的利益联结机制，提高农民收入。将农村分散、闲置的资产、资金进行整合，坚持能力互补、信息共享、风险均摊，以规模化效应解决个体农户不易办到、政府部门不能包办的事情，让村民通过资金、土地、林地、劳动力等资源入股，实现“资源变资产、资产变股金、农民变股东”。

人才是关键，离乡变返乡。把有情怀、有能力建设家乡的人才引入乡村，为返乡就业人员提供发展渠道，留住乡村人才。引导一批跳出农门的优秀学子从离巢拼搏到归巢返乡，成为新型职业农民。推动乡村人才招聘、教育、培养和发展管理体系建设，利用乡村旅游的农村“双创”大舞台，发挥企业家精神，再创一片新天地。发展乡村旅游，吸引大批企业家、知识分子、大学生和有志青年到乡村创业创新，推动农村产业发展。引导农村本土人才成长，培育一大批懂农业、懂旅游、爱农村、爱农民的乡村旅游带头人。推行职业农民资格认证管理，培养一批爱农业、懂技术、善经验、会创新的职业农民队伍，规范群众行为，提高群众素质。

技术是支撑，城乡更融合。鼓励区块链、大数据、物联网、遥感、人工智能等技术的应用与创新，推进数字农业产业集聚发展，打造一批覆盖全服务链条的智慧乡村。邀请知名专家提供高端智力支持，充分整合现有的技术、人才和平台等资源，面向乡村振兴重点领域的技术瓶颈和技术需求，开展乡村振兴规划编制、特色农作物栽培、农产品安全检测、农产品电商平台建设、农村安全饮用水等工作，策划实施特色农产品精深加工、农村人居环境提升、农村中小学校场景化智慧阅读等一批项目，以科技赋能和智力帮扶乡村振兴。推进婚礼拍摄园、生态果蔬采摘园、插花艺术体验园、植物科普园和观赏园建设，吸引更多城市居民体验乡村之美，助推群众增收致富。

环境是优势，资源变资产。农业农村基础设施和公共服务是乡村环境的核心要素，既需要加强硬件设施建设，也需要加强软件条件改善，优化乡村生产生活环境。良好生态环境是最公平的公共产品，是最普惠的民生福祉，是乡村发展的宝贵财富和最大优势。乡村振兴需要厚植生态底色，突出发展特色，彰显乡村本色。一方面，守住乡村的生态资源，秉承“绿水青山就是金山银山”，打造“望得见山、看得见水、记得住乡愁，生态宜居的美丽乡村”。另一方面，需要不断改善村庄的物质环境，提高公共服务和基础设施供给水平，建成高质量的品质社区，提升乡村对人的吸引力。通过科学规划、加强管理和有效治理，保护乡村的自然资源与生态环境，提高乡村旅游开发者和参与者的环保意识。挖掘濒临消失的民俗文化、传统建筑、农耕器具、民间技艺、手工制作、风俗礼仪、风土人情，以活态化方式进行传承和创新，转化为具有地方特色的文化旅游产品。通过主题开发、节庆活动、文化展示、网络营销、互动体验等形式，既产生经济效益，又传承传统文化。挖掘乡间尘封遗存，唤醒乡村沉睡资源，激活农村沉寂风景，将闲置房屋改建成特色民宿，通过建设一批精品民宿度假村，打造一批乡村旅游度假基地，为住客提供丰富的田园生活体验。

合作是外因，动力更持续。乡村振兴需要借助外力，发挥城市与乡村各自的比较优势，推动合作共赢。考虑乡村发展基础薄弱，如与城市发展差距较大，建设理论和实操经验不足的情况，在现阶段，需要对刚刚脱贫地区“扶上马、送一程”。中央出台对区域中心城市帮扶的激励政策至关重要，可以消除中心城市的顾虑，让中心城市在帮扶过程中能共享发展红利，实现双方共赢，为中心城市继续对口帮扶提供政策保障。围绕乡村产业发展，充分利用城市互联网、物联网、区块链等技术手段，打造乡村大数据产业运营平台、产品交易平台、资源整合平台、乡村文创平台等多种创新平台，发挥与城市合作动力，凝聚乡村振兴合力，促进区域经济发展。有序促进传统制造业区域协调发展，引导城市服装、玩具、印刷、珠宝等生产要素成本压力大、外溢发展需求强烈的传统制造业企业，通过跨区域产业链、供应链、价值链优化布局，将制造环节在合作地区布局，支持研发、设计、营销、服务等环节保留在城市，统筹供应链管理系统，建立更紧密的经济合作关系，推进协同发展。

第五章　巩固脱贫攻坚成果面临的挑战

返贫是指经过扶贫开发之后，部分脱贫人口再度回到贫困状态的现象。返贫受制度、文化、生态、能力、权利等多重因素影响，存在传递性返贫、因病返贫、因灾返贫等不同类型。党中央、国务院要求用乡村振兴巩固拓展脱贫攻坚成果，坚决守住脱贫攻坚胜利果实，确保不出现规模性返贫，确保实现同乡村振兴有效衔接，确保乡村振兴有序推进。2021 年 6 月 7 日，审计署发布的审计工作报告显示，国内 28 省 137 县抽审地区 99%的搬迁家庭实现了至少 1 人就业，77%的搬迁家庭获得产业扶持，未发现规模性返贫风险。但我国发展不平衡不充分的问题仍然突出，脱贫的地区和人口依然面临着较大的返贫风险，相当一部分脱贫户虽然基本生活有了保障，但是收入水平仍然不高，脱贫基础还比较薄弱，抗风险能力差，巩固拓展脱贫攻坚成果的任务依然艰巨。

一、我国脱贫人口返贫的普遍特点

返贫防治是巩固脱贫成果的重要举措，在过往脱贫攻坚的进程中，返贫现象比较常见，且多具有“突发”性。当前，我国已经从脱贫攻坚转向乡村振兴，聚焦于相对贫困的综合治理，由原先解决收入贫困转到解决内在能力贫困的帮扶。已经满足生存条件需要的相对贫困地区人群、已“摘帽”但有“再扣帽”风险的相对贫困地区以及长期处在贫困“边缘化”的贫困人群依然广泛存在，脱贫的基础还不牢固，阻断返贫、巩固脱贫攻坚成果的工作面临的形势十分严峻。我国返贫现象的特征主要有以下四个。

（一）返贫现象存在地域性

相对于经济发达地区的农村，自然环境条件恶劣、经济发展水平低、原先贫困面积较大的中、西部连片地区是我国农村返贫的集中发生区域，且其返贫程度深、返贫率高，返贫在地理区域分布上是不均匀的。因此，预防返贫的重点区域也在中、西部地区。

2017—2019 年我国农村贫困人口分布情况如图 5-1 所示。

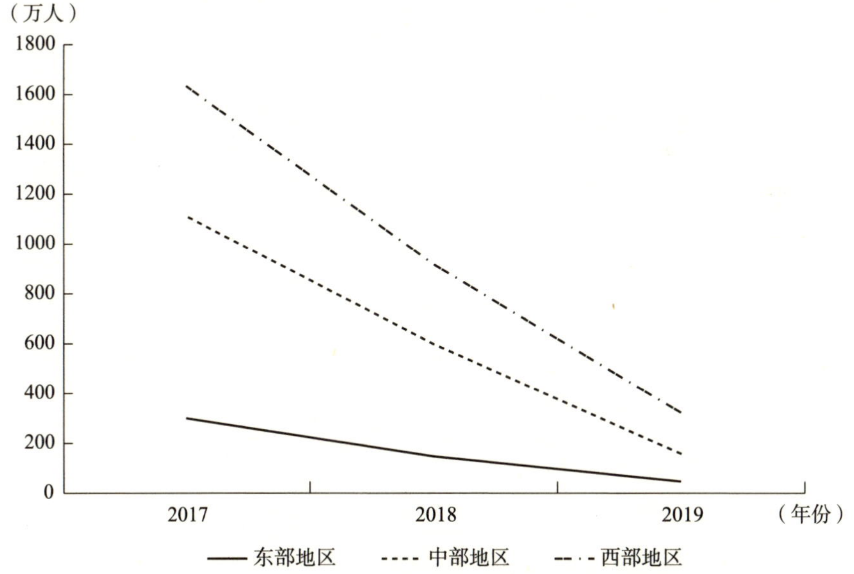

图 5-1　2017—2019 年我国农村贫困人口分布情况

资料来源：国家统计局官网。

（二）返贫现象存在差异性

返贫还具有较强的个体差异，对返贫户的分析显示，返贫户普遍存在着身体健康状况差、受教育程度低、收入来源单一、观念落后等个人素质问题。因此，巩固脱贫攻坚成果重点是甄别出返贫潜在的“边缘户”，加强个性化的扶持，从根本上支持其建立起内在发展的能力，提升抗风险能力，彻底消除返贫风险。

（三）返贫现象存在反复性

根据以往的经验，由于脱贫户的基础和自我发展能力较差，加上外界不利因素的叠加，部分地区几乎每年都要发生一两次大的返贫，陷入“脱贫—返贫—再脱贫—再返贫”循环中难以挣脱。因此，巩固脱贫攻坚成果将是一项长期细致的工作，要做好打“持久战”的准备。

（四）返贫原因存在综合性

返贫的反复性、差异性特征，是由返贫因素的多样性造成的。返贫户返贫的原因包括自然灾害返贫、扶贫项目效益不可持续返贫、市场变化和风险返贫、因病返贫等。因此，解决返贫问题还要多举措着手，并非一笔资金、一个项目和一项对策就可以彻底解决的，而是要建立起完善的阻断返贫体制机制。

二、我国脱贫人口返贫的主要原因

当前，“断血性”“失敏性”“转移性”返贫的风险值得重视。“断血性”返贫，是指在物质配给一旦“断供”时，扶贫对象因为失去财富生产能力而返贫；“失敏性”返贫，是指扶贫对象对政策不再敏感或失去响应能力；“转移性”返贫，是指扶贫对象因为社会角色、身份、地域变化出现自我调适失败而返贫。

2018 年，中央对地方脱贫攻坚成效的考核开始聚焦脱贫质量，根据建档立卡的数据统计，我国返贫人数呈现不断降低的趋势。2016 年的返贫人数是 68.4 万人，2017 年的返贫人数是 20.8 万人，2018 年的返贫人数是 5.8 万人，2019 年的返贫人数仅有数千人，这说明各地脱贫的质量在不断提升。我国正探索建立巩固和拓展脱贫攻坚成果的完善机制，但一些地区返贫风险依然长期存在，主要有以下几个原因。

（一）脱贫标准的不断演进

贫困标准的变化直接影响贫困人口规模的定义，也必然会导致返贫人口规模出现波动。根据世界银行的标准，国际贫困标准依据物价水平在不同年度间有所调整。以极端贫困标准为例，1990 年为每人每天 1.01 美元，1993 年为每人每天 1.08 美元，2005 年为每人每天 1.25 美元，2015 年为每人每天 1.90 美元。我国和国际上一样，根据国民经济社会发展水平和贫困人口基本生活需求确定扶贫标准。中国第一次制定的扶贫标准是 1986 年的年人均收入 206 元，对应的贫困人口为 1.25 亿人，主要解决温饱问题。在 2011 年制定第二个十年农村扶贫开发纲要时，我国将扶贫标准提高到年人均收入为 2300 元（2010 年不变价），对应的贫困人口为 1.22 亿人。据统计，2020 年底中国建档立卡贫困人口年均纯收入达到 10740 元，远远超过国际极端贫困标准。2019 年的全国人大会议上，中国国务院扶贫开发领导小组办公室主任刘永富表示，贫困户的脱贫标准到 2020 年时收入应达到每人每年 4000 元左右，并且做到不愁吃、不愁穿，基本医疗、义务教育、住房安全有保障。此外，各地的低保标准也不同，这是各地救助水平的重要标志，也代表了不同国民经济社会发展水平和贫困人口基本生活成本。因此，全国同一扶贫标准下人口在不同区域的贫困感受是不同的。

（二）短期内脱贫导致基础不牢

2013 年，我国拥有 8000 多万贫困人口，832 个国家级贫困县，其面积占国土面积的近一半，全国每 3 个县中就有 1 个是贫困县。虽然我国国家级贫困县已经全部“摘帽”，但其中 679 个贫困县是 2018—2020 年才实现的脱贫。2019 年，中央首次脱贫攻坚专项巡视发现，所有单位均存在政治责任落实不到位，部分地方形式主义、官僚主义突出，搞华而不实的形象工程、政绩工程，决策落实有偏差，纪检监察机关履行监督责任不力等诸多问题。为实现 2020 年脱贫攻坚的全面胜利，总体上任务重，时间紧迫，部分地区的政府短期行为较为普遍，最常用的办法就是寻找“短、平、快”项目，短期内贫困者可一时跃到贫困线之上，“快速催肥式”扶贫导致脱贫基础不牢固。经过近年的整改和持续督查巡视，上述现象显著减少，但依然无法杜绝。此外，2020 年，新识别容易返贫和“边缘户”容易致贫两类 38 万人，与 2019 年发现的几百万人一并纳入监测和帮扶机制。

2016—2020 年我国贫困县摘帽情况如图 5-2 所示。

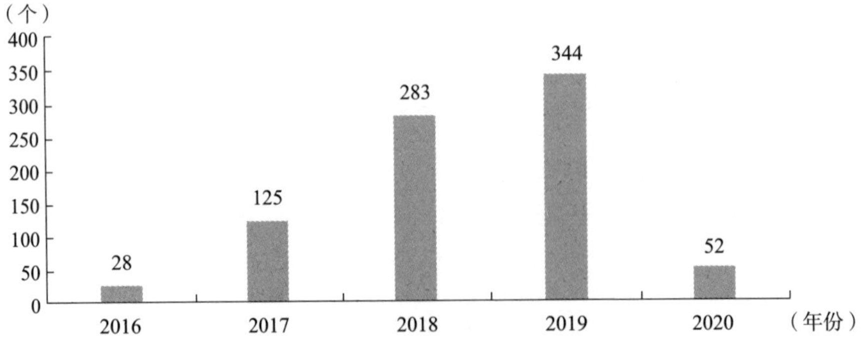

图 5-2　2016—2020 年我国贫困县摘帽情况

（三）公共服务不足

脱贫地区所在的乡村教育、医疗设施分配不均，部分地区公共服务经费短缺致使贫困地区学校、医院数量不足，设施落后。2010—2019 年，农村专职教师数量不断减少，由 203.60 万人下降至 182.58 万人，整体教育配套无法支撑乡村振兴发展。乡村卫生所条件简陋，由于乡村医生收入低、待遇差、工作量大、条件艰苦，技术较好、有职称的乡村医生往往选择去城市医院，导致农村医务人员青黄不接，城乡医疗差距持续扩大。

专栏4　广东省云浮市“美丽圩镇”建设现状

广东省云浮市围绕“发展生态经济、优化生态环境、培育生态人文”的主要内容，全力推进生态文明村建设，着力改善农村人居环境、提高农村文明水平，让农村奔向“强富美”。为确保生态文明村建设顺利推进，云浮市实行“千干扶千村”计划。全市共落实挂钩责任干部6320人，挂钩联系创建生态文明示范村6053条。自该项工作开展以来，挂钩干部切实履行责任，深入基层一线，与群众共谋共建，有力地推动了生态文明村建设。

为更好调查云浮市“美丽圩镇”建设现状，我们采用问卷调查法广泛收集基层情况，建立评价指标体系，主要围绕“美丽圩镇”“十个一”及乡村振兴领域陆续发布的政策文件、同类课题研究成果、农村统计数据，以及公开发表的同类科研成果等资料，进行整理和分析研究，以构建能直观反映云浮市“美丽圩镇”建设情况、成果及问题的指标体系。

根据调研数据，各村从整治农村人居环境入手，建设文化室、篮球场、文化小广场、休闲小公园等设施；加大对幼儿园和义务教育阶段寄宿制学校建设的支持力度，改善乡村学校办学条件；推进卫生院/所工程，进一步完善医疗设施，提升公共医疗服务水平。

2019 年云浮市各区县教育医疗分配情况如图 5-3 所示。

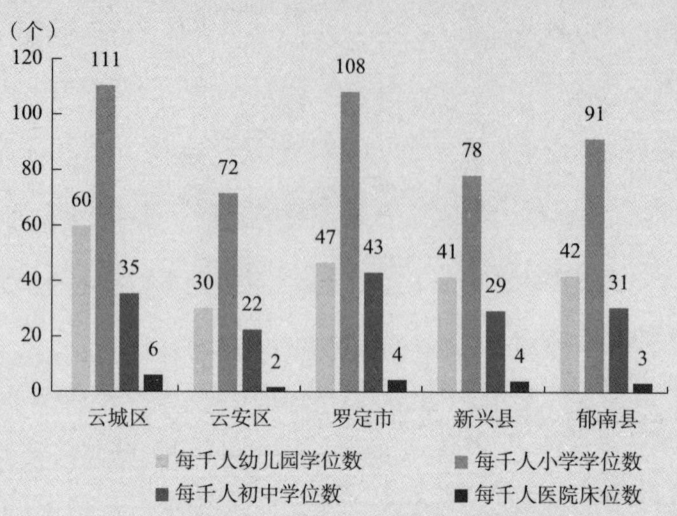

图 5-3　2019 年云浮市各区县教育医疗分配情况

与此同时，仍存在公共服务不均的现状，各县每千人学位数、医院床位数差距较大。教育资源不均衡，既包括教育投资、师资和教育质量不均衡，也包括城乡之间、地区之间以及同一地区校际的不均衡。大部分医疗资源如人才、大型先进医疗设备等，仍过于集中在城市的三甲医院，农村的医疗资源较为匮乏，而且各县医疗资源呈现不均衡现象。

（四）资金供给不足

脱贫地区所在的乡村资金来源有限，以财政拨付为主，社会资本参与度不高，资金难以实现循环。脱贫地区资金来源主要有三个，即财政支农资金、农村信贷和地区自身积累。由于农村银行放贷门槛相对较高，农村信贷资金较少，加之农村整体收入低于城市收入，自身积累资金有限，因此，脱贫地区所在的乡村资金主要为财政支农资金。财政资金一般用于支持和改善群众生产生活条件类项目，由于集体经济利益、土地规模化流转利益、投资者利益、人才利益、村民利益等协调保障机制不健全，造成利益分配不均，导致产业类能引导资金循环的项目难以落地。

专栏5　深圳对口支援新疆喀什工作

2020年是全面建成小康社会的决胜之年，深圳扎实推进对口援疆工作，继续加大社会工作力度，全力做好第十批援疆干部人才的教育管理和服务保障工作，最大限度发挥新一批援疆干部人才作用。

2020年，深圳安排支援喀什项目25个，资金52755万元；产业援疆促进就业类项目2个，资金3400万元；教育援疆类项目7个，资金16143万元；支持和改善群众生产生活条件类项目7个，资金21850万元；干部人才培养培训类项目3个，资金2900万元；深化交往交流交融项目3个，资金6100万元；支持基层反恐维稳和组织政权建设类项目2个，资金2200万元；推动产业发展类项目1个，资金162万元。

推动产业发展类项目仅1个，占总支援资金的0.31%。根据有关指示，深圳对口喀什工作要确保援疆资金80%以上投向县及县以下基层，集中在乡村基础设施包括水、电、路、气等建设上，实施“美丽乡村”工程，做好“安居富民房”建设工作，结合新疆新农村建设部署和“厕所革命”的安排，做好“三通”及乡村卫生等配套基础设施建设。此类投资属于一次性投入，产业类能引导资金循环的项目较少。

（五）内生动力不足

在乡村制造业方面，部分脱贫地区产业初具雏形，但技术、资金、人才、市场等支撑还不强，有的地方甚至在撤离帮扶干部后，产业发展面临不可持续的风险。在农业方面，传统的乡村产业为小规模农业，仅能实现自我需求满足，缺乏支柱产业，再加上没有机械化、大规模化种植以及便捷的物流体系做支撑，散农在与收购商谈判中处于弱势地位，议价能力低。在生态旅游业方面，大部分乡村拥有丰富的生态旅游资源，但由于没有社会资本的介入，因此大量旅游资源没有开发，处于“养在深闺人未识”的状态，没有将资源变资金。

（六）帮扶意愿不足

脱贫攻坚时期，我国通过城市“结对子”的形式，支持“先富地区”带动“后富地区”完成脱贫，但政治考核是其中一根重要的“指挥棒”。脱贫工作完成以后，中心城市缺乏继续帮扶脱贫地区的动力，很可能减小合作力度，让之前建立的产业协作流于形式，“摘帽”地区难以享受中心城市的辐射带动作用。“摘帽”地区由于刚刚完成脱贫工作，没有集中的产业园区和基础设施配套。因此，这些地区短期内无法建立可持续的“造血”机制，很难承接产业转移，现有的土地、劳动力资源闲置，返贫风险很大。

（七）自我发展能力和意志不强

贫困人口内生发展动力不足，是脱贫攻坚战面临的巨大挑战。脱贫主体综合素质差，表现为身体健康水平下降、教育和技能水平较低等，抵御风险的能力脆弱，极易再次落入“贫困陷阱”。长期以来，我国重视物质脱贫，忽视精神脱贫，这不利于提升脱贫人口的自我发展能力、巩固脱贫攻坚成果。政府利用行政体系推动的扶贫方式对经济、物质投入比较重视，而对贫困人口精神、思想观念等方面的扶持比较薄弱。部分贫困者形成了一种特定的生活方式和特定的思维模式，以及特定的行为规范与价值观念，例如，要钱要物、安于现状、坐以待援、温饱即安等，甚至以贫困为荣。以政府为主体的扶贫模式强化了这种文化，一旦政府投入减少或不能持续投入，或者外在环境发生变化，就很容易返贫。

（八）政策与项目的衔接不足

脱贫后政策保障力度减弱或者退出导致返贫。政策保障是推进精准扶贫的重要优势，贫困县实现脱贫“摘帽”之后，相关政策的陆续撤出及变化可能加大返贫风险，包括政策执行力度减弱、社会保障公共服务薄弱、财政资金不足等。此外，扶贫项目和对口扶贫单位的退出，如在消费帮扶领域，作为脱贫攻坚的重要手段，帮扶单位带头参与消费扶贫，确实推动了贫困地区的产销对接。然而，部分地区的扶贫农产品过于依赖帮扶单位包销，市场竞争能力并未随产业发展而提升，如果消费扶贫政策逐步退场，则相关产业可能会陷入困境。

截至 2020 年 9 月底，借过扶贫小额信贷发展产业的建档立卡户 521.1 万户，比例仅占 10%左右，脱贫后的农村人口对信贷支持的需求更加迫切，相关金融产品却较少，无法满足农民扩大再生产、追求更加美好生活的需求。

（九）产业脱贫的不确定性

农村产业发展基础薄弱，市场化竞争能力较弱，扶贫产业过度依赖扶贫干部及其人脉资源；产品主要依靠政府采购和人情关系认购，没有形成市场化；扶贫产业低端且单一，同质化严重，没有形成产业链。扶贫产业主要集中于种植业、养殖业和制造业，这些产业往往集中成片，市场竞争能力不足，难以抵御市场风险，缺乏龙头企业的带动。失去帮扶的贫困户被置于未知的市场风险中，其返贫可能性被放大。

（十）因病因灾引致返贫

长期以来，自然灾害多发是我国许多地区特别是“三区三州”[①] 等深度贫困地区无法脱贫的重要因素之一。返贫者面临的自然生态环境较为恶劣，或者随着生产生活的发展，生态环境日益恶化，加剧经济贫困并导致返贫现象的产生。脱贫人口因病因残返贫是长期存在的问题。因病因残并不一定直接导致家庭返贫，而是如果家庭主要劳动力失去了，这个家庭的收入就会急剧下降。

三、我国巩固脱贫攻坚成果面临的挑战

（一）脱贫后帮扶机制尚未健全

形式主义、官僚主义问题屡禁不止，频繁填表报数和层层评估检查加重了基层负担。脱贫进度和脱贫标准把握不准，急躁情绪与消极拖延现象都有，盲目提高标准和随意降低标准并存，弄虚作假、数字脱贫问题在一些地方比较突出。贯彻精准方略存在偏差，有的发钱发物“一发了之”，有的统一入股分红“一股了之”，有的低保兜底“一兜了之”，内生动力不足。扶贫资金管理使用不规范问题仍然存在，乡村两级“微腐败”多发，资金闲置浪费和使用不精准、效益不高问题突出，还有个别地方打着脱贫攻坚旗号过度举债。

利益联结机制不牢靠。农户和企业之间的利益联结机制涉及产业扶贫中市场主义逻辑与社会道德逻辑之间的协调平衡。产业发展强调以市场为导向实现企业经济效益最大化；产业扶贫则强调社会道德，通过发展产业实现脱贫致富。协调不好市场主义逻辑和社会道德逻辑之间的关

① 三区三州：“三区”是指西藏自治区和青海、四川、甘肃、云南四省藏区及南疆的和田地区、阿克苏地区、喀什地区、克孜勒苏柯尔克孜自治州四地区；“三州”是指四川凉山州、云南怒江州、甘肃临夏州。“三区三州”是国家层面的深度贫困地区，是国家全面建成小康社会最难啃的“硬骨头”。

系是利益联结机制不牢靠的原因。

（二）强化自我发展动力不足

贫困户自身缺乏脱贫的内生动力。贫困户长期接受“输血”式扶贫，缺乏自强独立、艰苦创业的精神，“等、靠、要”思想根深蒂固，缺乏致富能力和自我发展能力。

（三）抵御风险的能力较为薄弱

扶贫产业多集中于农业，但农业具有天生的弱质性。首先，自然灾害会给农户造成巨大的损失。其次，农产品鲜活易腐，难以长期保存，产品滞销会使农户亏损严重。最后，农业具有周期性、季节性，其供给调整往往落后于市场价格变动，这种时滞的存在使农户承担巨大风险。此外，在“小生产、大市场”的国情中，农户很难影响产品价格，缺乏价格谈判的优势，只能被动接受价格，在市场竞争中处于不利地位。

（四）基础设施和公共服务存在短板

我国要组织实施贫困村提升工程，继续加大农村道路、安全饮用水、危房改造、易地搬迁的力度，改善群众生产生活条件，补齐基础设施短板。坚持把教育扶贫作为长远的治本之策，以保障义务教育，构建完善的教育体系，全面落实教育扶贫政策，大力实施教育扶贫工程，提升贫困地区教育质量和均等化程度。大力实施健康扶贫工程，改善提升基层乡镇卫生院、村卫生室医疗条件和医疗技术水平，强化基本医疗保险、大病救助、临时救助等医疗保障措施，提高特困地区群众健康水平，补齐基本医疗短板。

脱贫地区所在的乡村教育、医疗设施分配不均，部分地区公共服务经费短缺致使贫困地区学校、医院数量不足，设施落后。乡村卫生所条件简陋，缺乏高水平的乡村医生和先进的医疗设备，城乡医疗差距持续扩大。由于贫困地区受教育条件有限，当地人口文化程度大多偏低，思想观念较为陈旧，产业户往往缺乏新知识和新技能，没有良好的科技意识和生产经营能力。部分产业户和村集体组织缺乏市场经营、组织管理的知识，存在管理不规范、生产经营滞后的问题，导致产业效益低、抵抗市场风险和带动持续增收的能力弱。脱贫户缺乏教育，普遍存在文化程度低、缺少相关就业技能的问题。同时，片区脱贫脆弱户由于经济条件拮据，无力供养子女上学，深陷“贫困—教育落后—贫困”的循环困境，导致贫困代际传递现象严重。

（五）农村金融体系较为薄弱

为了解决贫困问题，财政扩张是必需的，但财政扩张必然带来成本压力，对于城市来说，产业的增长、其他资源的投入，可以相对抵消这种压力；但对于收入不高、信贷资源匮乏的农村来说，就是巨大的压力。所以，除非给乡村地区大量特殊的低利率贷款，实行差别化利率，否则信用扩展以及财政扩张规模越大，乡村的压力就会越大。

1986—1992 年，我国对国营企业的投资占到了政府总预算的 25% 以上；同一时期国家给予乡村地区的投资预算才不到政府总预算的 10%，尽管全国有 73%~76% 的人口生活在乡村地区。很显然，要想实现脱贫任务，必须压缩对国有企业的投资，将投资转向农村社会。

脱贫地区的资金来源主要有三个，即财政支农资金、农村信贷和地区自身积累。农村银行借贷门槛相对较高，加之农村整体收入低于城市收入，自身积累资金有限，脱贫地区所在的乡村资金来源以财政拨付为主，社会资本参与度不高，资金难以实现循环。财政资金一般用于支持和改善群众生产生活条件类项目。

首先，国家财政的扶贫资金大部分用于交通、水利、管网等基础设施建设，产业资金投入不占主要部分，用于脱贫后产业发展的资金十分紧张。其次，虽然国家财政加大了扶贫资金投入，但是资金分散于扶贫各部门，这些部门间缺乏在资金调度与整合上的沟通，使资金使用效率大大降低。最后，产业的投资存在成本高、时间长、回报慢等问题，这对于企业和农户来说门槛高且风险大，因此产业的资金来源十分有限。虽然银行可以在一定程度上提供信贷支持，但是由于农户信用度不高、还款风险大，银行提出公务员担保、额外担保费等要求，使得授信门槛高、办理手续繁杂、放款时间长。

国家虽然每年向贫困地区注入大量资金，但在资金投入结构上往往是农业占较大的比重，用于教育、医疗、卫生、保障等方面的资金较少。在农业投资结构中，种植业投资偏多；与农业生产关系不大的一些项目投入过重。这种项目扶贫只注重“输血”而不注重“造血”，不能从根本上解决贫困问题。由于脱贫农民的素质没有得到有效提高，同时缺乏医疗卫生条件和社会保障，使那些脱贫农民很容易因疾病而返贫。

（六）产业项目发展基础薄弱

在产业扶贫期间，有些地区的政府采用购买产品的方式帮助农户解决销售难的问题，这就强化了行政推动而弱化了市场驱动，依靠该产业脱贫的农户只能算是暂时性脱贫，缺乏长期机制保障。

贫困地区年轻人大多外出打工，青壮年劳动力外流，留守在农村的多为老年人、妇女和儿童，空巢化和老龄化问题突出，难以满足产业发展的用工需求，尤其在自然环境恶劣、自然灾害频发的地区，因病返贫、因残返贫、因灾返贫的现象普遍，能从事农业生产的劳动力严重不足。

部分产业项目未经充分论证或未结合自身实际便盲目引进，导致扶贫地区产业规模小而散、经营方式粗放，难以形成集群效应，产业发展周期长且见效慢。部分地区产业扶贫措施重视“短、平、快”，忽略了长期效益和稳定增收，照搬其他地区做法而不考虑自身基础，导致产业结构同质化、单一化问题严重，龙头企业、专业合作社或产业户辐射和带动作用有限，加之政府忽视产业优势互补、错位发展与区域协调发展，使得产品市场竞争加剧，产业的抗风险能力和市场竞争力减弱，支柱性产业难以形成。扶贫产业多集中于农业，有优势的产业链条短，缺乏深加工增值和品牌效应，且生产的多为低层次产品，附加值低，产品市场空间和市场风险承受能力有限，因此产业效益低，带动能力弱。

农户在生产经营中缺乏对市场的正确判断和预测，且对市场发展规律认知不足，容易出现盲目跟风现象，可见以农业为主的扶贫产业其市场具有不稳定性。产业扶贫会放大市场风险。产业扶贫中大量物资集中采购和同类产品集中上市影响市场供求关系，导致价格异常波动，打破了地方市场体系的相对稳定。此外，随着市场经济的发展，农产品流通呈现专业化趋势，虽然在一定程度上解决了产品的销路问题，但是产品最终价格受到了更多社会因素的影响，加剧了价格形成的不确定性和市场的不稳定性。

产业发展周期长、风险大、见效慢，部分农户对发展产业缺乏热情和信心，存在惰性心理、依赖心理和自我否定心理，“怕”字当头、“难”字挡路，没有摆脱返贫困境的勇气和致富的志气、没有劳动积极性与自我发展意识。在乡村制造业方面，部分脱贫地区产业初具雏形，但技术、资金、人才、市场等支撑还不强，有的地方甚至在撤离帮扶干部后企业难以经营。在农业方面，传统的乡村产业为小规模农业，仅能实现自我需求满足，尚未实现机械化、大规模化种植以及缺少便捷的物流体系支撑，散农在与收购商谈判中处于弱势地位，议价能力低。在生态旅游业方面，大部分乡村拥有丰富的生态旅游资源，但缺少开发资金，导致大量旅游资源处于未开发状态。

四、新一轮产业变革带来不确定性

（一）5G 移动产业链逐步成熟

以大数据为核心的新一代信息技术革命，加速推动了我国各领域的数字化转型升级。大数据技术的广泛应用，加速了数据资源的汇集整合与开放共享，形成了以数据流为牵引的社会分工协作新体系，促进了传统产业的转型升级，催生了一批新业态和新模式。数字经济通过新一代信息技术与实体经济深度融合，整体保持较快增速，规模持续增长。“十三五”时期，我国数字经济增速始终高于 GDP 整体增速。特别是，受新冠肺炎疫情影响，2020 年世界经济相对低迷，而我国数字经济依然保持 9.5%的较高增速，数字经济改变了国民经济的生产、消费和分配方式，提供了更加高效的经济运行模式。2016—2020 年，我国数字经济规模从 22.6 万亿元增加到 39.2 万亿元，占 GDP 的比重从 30.3%提升至 38.6%，规模位居世界第二，成为推动经济发展的重要动力（见图 5-4）。

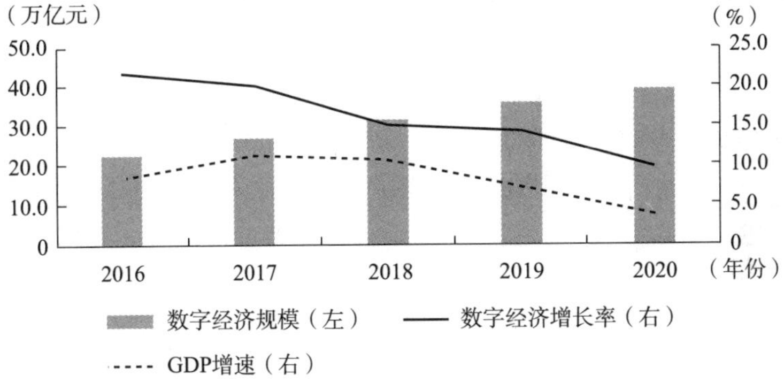

图 5-4　2016—2020 年我国数字经济规模

资料来源：中国信息通信研究院。

中国 5G 融合应用迈过创意阶段进入落地阶段，已在工厂、矿山、港口、医疗、电网、交通、安防、教育、文旅及智慧城市等 10 个领域，逐步获得业界认可。5G 行业直接产出和间接产出走势预测见图 5-5。

自 2018 年以来，大数据技术的快速发展，大数据与人工智能、VR、5G、区块链、边缘智能等一批新技术的交汇融合，持续加速技术创新。与此同时，伴随着新型智慧城市和数字城市建设热潮，各地与大数据及数字经济相关的园区加速落地，大数据产业持续增长。统计显示，2020 年，中国大数据产业规模达 6388 亿元，同比增长 18.6%，预计未来三年增速保持在 15%以上，到 2023 年产业规模将超过 1.0 万亿元。

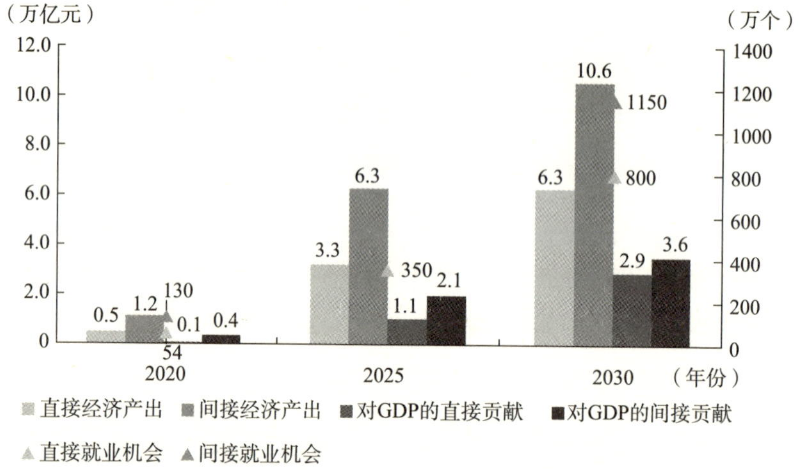

图 5-5　5G 行业直接产出和间接产出走势预测

资料来源：中国信息通信研究院、戴德梁行研究部。

从具体行业应用来看，互联网、政府、金融和电信引领大数据产业融合发展，其合计规模占比为 77.6%。互联网、金融和电信三个行业由于信息化水平高，研发力量雄厚，在业务数字化转型方面处于领先地位；政府大数据成为近年来政府信息化建设的关键环节，与政府数据整合及开放共享、民生服务、社会治理、市场监管相关的应用需求持续火热。此外，工业大数据和健康医疗大数据作为新兴领域，数据量大、产业链延展性高，未来市场增长潜力大。

（二）城市智慧产业初具规模

随着各省市“十四五”规划纲要的陆续发布，不同省市对智慧产业的发展规划均做出了具体部署，新型基础设施不断完善，智慧产业基础设施通过直接或间接支持数据的收集、储存、传输、分析和应用，为产业生态提供了必要的技术保障与实现手段。

我国城市已经具备较为完善的传统信息基础设施，中国互联网信息中心（CNNIC）相关数据显示，截至2020年底我国互联网普及率达到70.4%，光纤宽带用户规模达4.54亿户。同时，为了满足智慧产业发展阶段不断增加的需求，国家近年来持续推动以5G、数据中心等为代表的新型基础设施建设，2019年底我国5G基站数量超过13万个，2020年全年新建开通5G基站超60万个，已经实现全国所有地级以上城市覆盖5G。2019年，我国数据中心数量约7.4万个，占全球数据中心总量的23.0%，数据中心机架规模达到227万架，在用互联网数据中心数量为2213个。目前，我国已经形成了全球最大的5G独立组网网络，排名前五的城市分别是杭州、长沙、广州、深圳、北京，其中杭州表现最为突出，5G基站比例高达每百万52.45个。

作为全球新一轮产业变革的核心力量，智慧产业不仅推动了生产效率迅速提升，同时优化了资源配置方式。2020年，我国三大产业中，智慧产业占行业增加值的比重分别为8.9%、21.0%和40.7%，其中第三产业数字化渗透程度最高，而第二产业渗透率远高于第一产业，工业、农业数字化转型仍有较为广阔的开拓空间。

（三）政策体系日益完善

大数据产业政策体系日益完善，相关政策内容已经从宏观总体规划方案逐渐向微观细分领域深入。工业和信息化部、交通运输部、公安部、农业农村部等均推出了关于大数据的发展意见、实施方案、计划等，积极推动各行业应用大数据。另外，大数据技术攻关政策、安全保障政策、产业关联政策等日益完善，为大数据产业发展提供了保障。

贵州、湖南以及四川成都等发布了大数据产业发展的专项政策。2021年，成都印发了《成都市促进大数据产业发展专项政策》，制定了

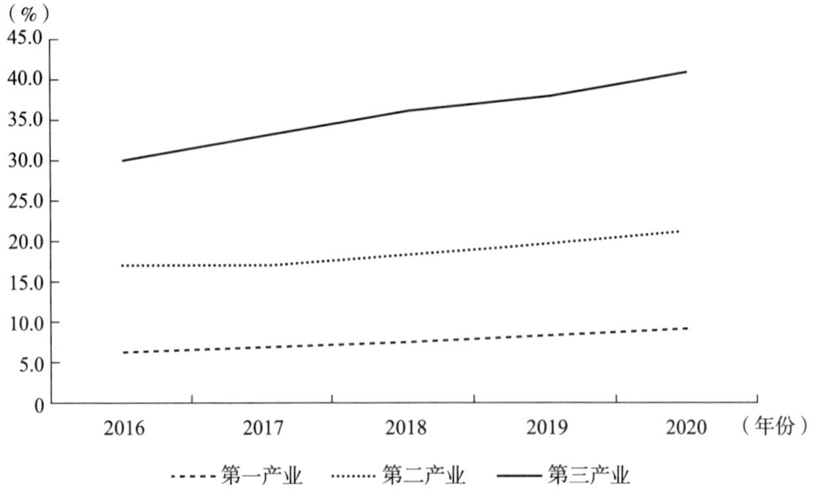

图 5-6　2016—2020 年我国数字经济规模

资料来源：中国信息通信研究院。

9 条措施，围绕深化数字化赋能行动，支持大数据企业发展壮大，涵养产业生态；2020 年，贵州省印发了《贵州省大数据融合创新发展工程专项行动方案》，提出加快推动大数据融合创新发展；2019 年，湖南省印发了《湖南省大数据产业发展三年行动计划（2019—2021 年）》，提出打造数据、技术、应用与安全协同发展的产业生态体系，加快建设数据强省。大数据各个细分领域政策密集出台，政策内容越来越微观化，这预示着下游相关领域处于爆发的前夜，大数据产业将迎来新一轮的发展。

（四）对乡村发展的影响

数字经济已经成为适应、把握和引领经济发展新常态的重要支撑，而完备的数字基础设施保障是支持数字产业发展、推动产业数字化转型的前提。乡村亟待通过对数字基础设施进行详尽的规划和部署，进一步支撑区域数字经济发展，其主要包括 5G 网络覆盖、大数据中心建设、互联网协议第六版（IPv6）部署应用、融合基础设施建设、人工智能公共基础设施建设等，数字基础设施的数量和质量决定了数字经济发展的速度与高度。

我国农业发展增速不高，在现代化转型过程中面临的掣肘问题繁多。当前，我国农业农村经济发展的基础条件、目标任务等都发生了深刻变化，农业发展已由增产导向转向提质导向，亟须科技创新提供强有力的支撑。因此，针对劳力短缺、农业从业人员受教育程度低，导致人工成本迅速增加、种植效率受限的问题，我国需要利用数字化技术快速拓展农业产业发展，以数字服务拓展农业服务应用场景。针对农业产业竞争力不强、生产规模小、生产方式落后、生产效率及效益低的问题，我国需要利用数字化平台整合农业服务资源，以智慧农业模型辅助农业生产效率提升，构建数字农业和数字乡村的智慧乡村场景。

智慧乡村是指依托卫星遥感、云计算、物联网、大数据等数字技术，建立“无忧种植”“无忧销售”“无忧贷款”“无感补贴”等服务应用场景，围绕生产、供销、信用服务环节，建立数字乡村智能决策系统，提升科技创新供给能力，形成优质高效、充满活力的现代农业产业体系，推进农业现代化发展。

智慧乡村的落地，一是加强农业高新技术产业和企业培育，促进科技与产业深度融合，以农户为中心，深入调研农业生产现状，挖掘区域农业发展痛点，建立起“政府+合作社+农户”的创新合作模式，制定整体数字乡村转型解决方案，打通农业相关数据及部门联络途径，将数字技术深度融合应用至产业发展，以信息化渠道拓展农民组织发展，以数字技术提升生产监管效率，以大数据及数据模型提供智慧决策工具，与互联网深度融合，引导农业向绿色、优质、特色和品牌化发展；二是把农业科技园区建设成创新创业的重要基地、集聚创新资源的重要载体，发挥其辐射带动作用，建立“智农在线”服务平台，打通服务资源壁垒，打造数据驱动的数字乡村智慧决策系统，发现并针对性地解决问题，大力培育“一县一业”和“一村一品”，促进农业转型升级，推动农业资源流通、农业服务闭环，用数据智能提升农业发展质量，研究地方政府、高等院校、科研院所、产业企业的深度融合协同平台。

五、大数据下的乡村振兴发展研判

本书通过大数据分析江西省赣州市重点帮扶村的乡村振兴发展现状，客观反映我国目前巩固脱贫攻坚成果中存在的问题及挑战。重点帮扶村是指赣州市 501 个“十四五”省定乡村振兴重点帮扶村，其范围覆盖兴国县、于都县、宁都县、赣县区、会昌县、寻乌县、安远县、上犹县、瑞金市、石城县、南康区、信丰县、大余县、崇义县、龙南市、全南县、定南县、赣州经济技术开发区及蓉江新区。数据节点为 2021 年 6 月。

重点帮扶村是根据《中共省委组织部办公室　江西省扶贫办公室综合处关于推荐省派单位定点帮扶村有关事项的通知》及《江西省农村领导小组办公室　江西省扶贫办公室关于抓紧选定报送“十四五”省定乡村振兴重点帮扶村的通知》文件精神，按照“三弱二多一不强”原则进行选择，即产业发展相对薄弱（无特色优势产业）、基础设施建设相对薄弱（基础设施欠账较多）、集体经济相对薄弱（2020 年村集体经济收入低于 20 万元）、低收人口相对较多（脱贫户、边缘易致贫户、低保户合计人数占总人口数的比例高于 10%）、社会矛盾相对较多（干群关系紧张，邻里纠纷较多）、基层组织力相对不强（村党支部战斗堡垒作用发挥不够）等。筛选结果经乡镇摸排、县市研究决定并向社会公示。

本书从人口、产业、集体经济、基础设施、公共服务等维度入手，分析赣州市重点帮扶村发展现状及乡村振兴存在的问题。

（一）总体情况

1. 空间分布

赣州市乡村振兴重点帮扶村总体上分布较为广泛，赣州市县区均有分布；数量上较为集中，重点乡村较多分布于兴国、于都、会昌、寻乌等县。集中连片式不发达是赣州在乡村振兴上的突出问题。

2. 人口

人口方面，赣州市重点帮扶村人口总计 133. 93 万人，按单个村来看，每个村镇人口主要有 1000~3000 人，合计占比 63. 28%，平均每村人口 2679. 1 人，高于江西省 1168. 48 人/村及全国 956. 32 人/村的水平。户口数上，重点帮扶村共有 33. 57 万户。户均人口上，重点帮扶村户均人口 4. 05 人，高于江西省 3. 33 人/户及全国 2. 62 人/户的水平。人口分布上，重点帮扶人口分布地域较广，呈现区县交界处集聚分布特点，特别是在兴国县、赣县等县区交界处集中连片分布趋势较为明显。从整体来看，重点帮扶村人口基数较大，户均人口较多；村均人口规模较为平均，总体上满足乡村振兴发展的人力资源供给需求。空间分布上，呈远离经济核心区的区域性集聚，需进一步加强重点帮扶人口的经济联系。

赣州市重点帮扶村人口、户口分布情况如图 5-7 所示。

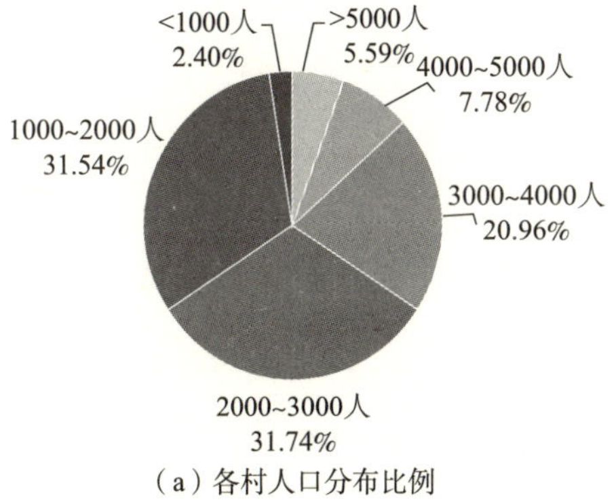

（a）各村人口分布比例

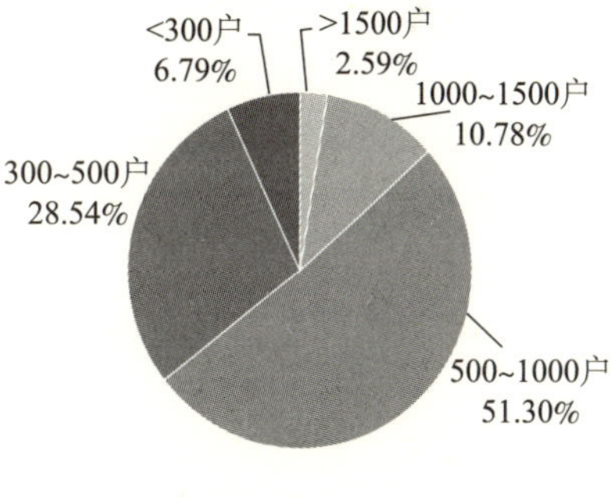

（b）各村户口分布比例

图 5-7　赣州市重点帮扶村人口、户口分布情况

3. 旅游资源

旅游资源开发方面，赣州市已开发红色旅游、传统古村落等旅游资源的重点帮扶村有 162 个，占比为 32.34%；未开发旅游资源的重点帮扶村有 339 个，占比为 67.66%（见图 5-8）。寻乌县、于都县、会昌县旅游资源开发集中度较好，开发村落较多的乡镇连片分布。总体来看，赣州市重点帮扶村旅游资源开发程度仍有待进一步提高，开发强度及密度仍有上升空间。

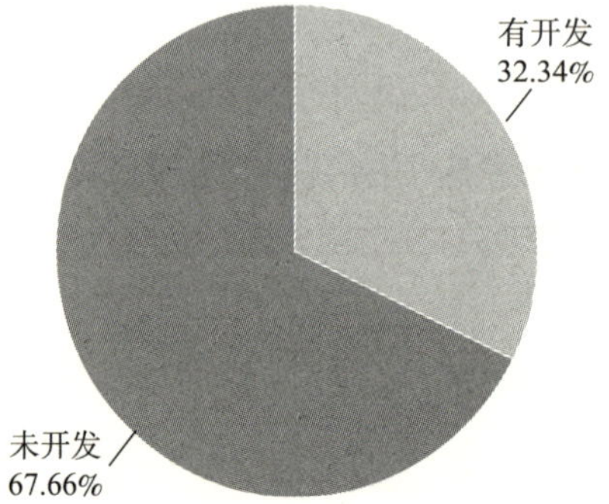

图 5-8　赣州市重点帮扶村旅游资源开发情况

（二）脱贫攻坚

1. 脱贫时间

从脱贫时间来看，赣州市重点帮扶村中“十二五”脱贫村占比过半，“十二五”“十三五”脱贫村占比近 70%，过去十年间赣州市脱贫攻坚取得明显成效；同时，重点帮扶村中尚存在 31% 的非贫困村（见图 5-9），这部分乡村生活水平虽高于贫困线标准，但仍在重点帮扶名单中，说明非贫困村仍有致贫风险。

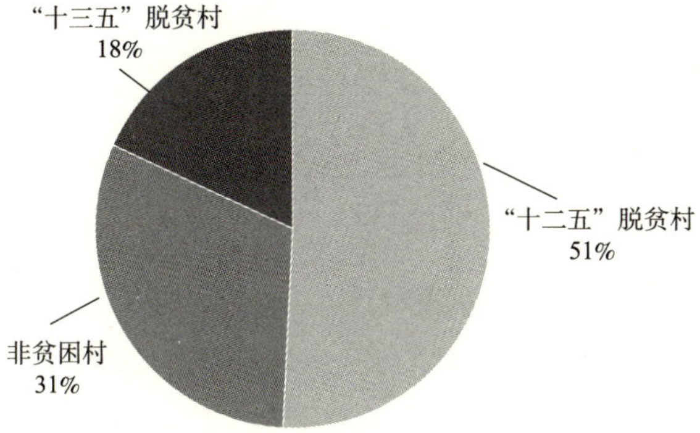

图 5-9 赣州市重点帮扶村脱贫分布情况

2. 脱贫攻坚人口

低保人口方面，赣州市低保人数为 61622 人，约占重点帮扶村人口总数的 5.00%，略高于江西省 3.59%及全国 3.14%的低保占比水平；脱贫人数方面，脱贫人口为 210017 人，占比为 16.44%；易脱贫人数为 1506 人，占比为 0.19%（见图 5-10）。脱贫人口在分布上，呈东北多、西南少的空间格局，脱贫人口占所在乡镇比例小于 15.00%的重点帮扶村有 111 个，占整体的比例为 22.16%；部分乡镇脱贫人口占比较高，赣州市重点帮扶村脱贫攻坚基础有待进一步巩固。

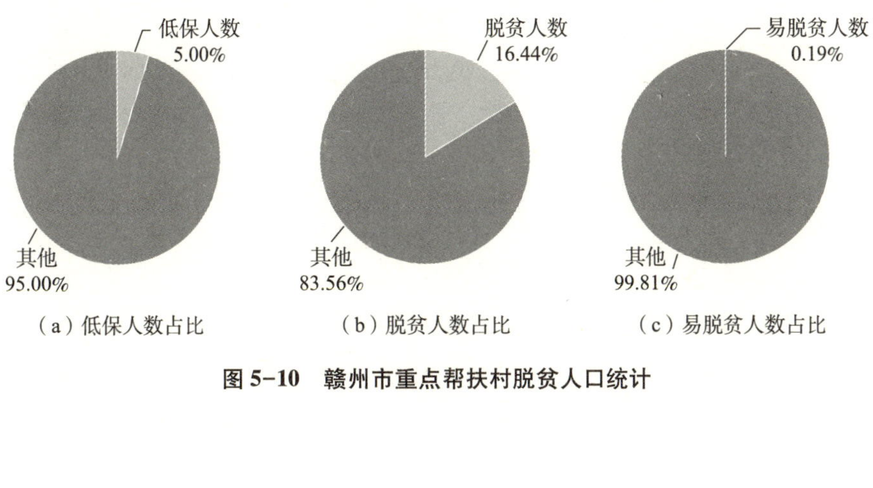

图 5-10 赣州市重点帮扶村脱贫人口统计

（三）产业情况

1. 产业类型

从产业类型来看，赣州市重点帮扶村产业种类较为集中，果蔬、脐橙等龙头产品占比分别达 29.00%、17.00%；从产业联动来看，赣州市乡村旅游占比较小，农产品加工不足，农业资源利用水平有待进一步开发（见图 5-11）。产业数量上，赣州市重点帮扶村产业丰富度整体水平较好，94.40%的重点帮扶村产业发展超过 2 个产品。其中，产品数量超过 10 个的村庄达 34 个，占比为 6.79%。同时，仍有 21 个重点帮扶村产业单一，7 个重点帮扶村发展缺乏产业支撑，需进一步加强基础薄弱村的产业培育。

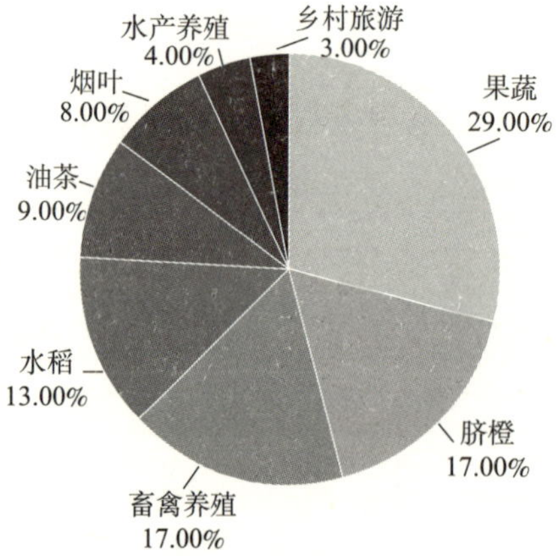

图 5-11　赣州市重点帮扶村产业类型

2. 效益收入

从经济收入来看，赣州市重点帮扶村村集体经济收入总体上呈梯队分布，具体可分为小于 10 万元、10 万~20 万元、20 万~30 万元及高于 30 万元四个梯队。其中，村集体经济年收入高于 30 万元的乡村较少，仅占重点帮扶村的 0.39%；村集体经济年收入在 10 万~20 万元的乡村占总重点帮扶村集体收入的比例超过 80.00%；尚有 3.94%

的重点帮扶村集体经济年收入小于 10 万元，乡村振兴形势较为严峻（见图 5-12）。

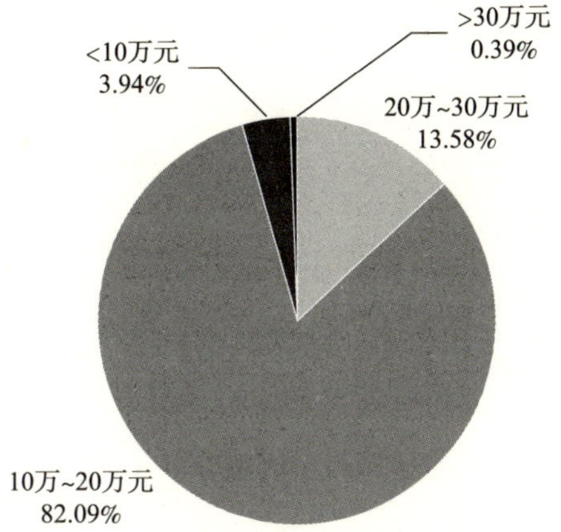

图 5-12　赣州市重点帮扶村集体经济收入统计

总体来看，赣州市重点帮扶村集体经济效益不高。从人均水平来看，村集体经济年人均收入大于 300 元的乡村仅有 9 个，占比为 1.80%；年人均收入在 50~100 元及不足 50 元的乡村占绝大部分，合计占比为 71.46%（见图 5-13）。赣州市重点帮扶村产业效益低下，土地资源、农业资源、自然资源及人口资源未能有效转化为农村经济收益。

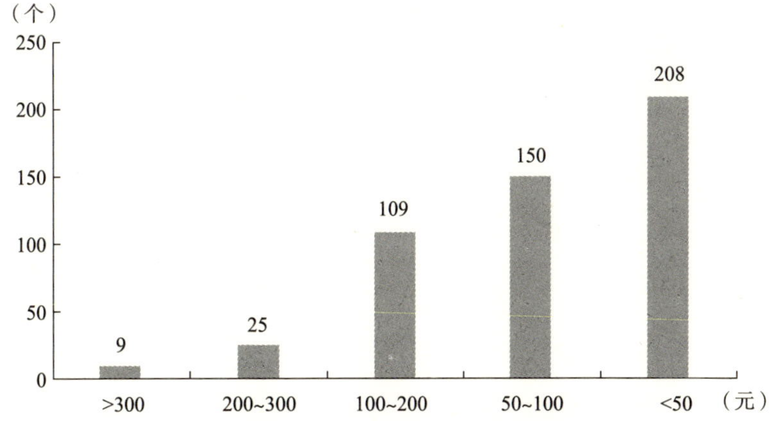

图 5-13　赣州市重点帮扶村集体经济年人均收入统计

（四）基础设施建设情况

1. 供水

在供水设施建设上，赣州市重点帮扶村大型供水设施覆盖率为61%，其中，仍有8%的重点帮扶村未建设集中式供水设施，仅靠泉、井等获得水源，水源卫生及可持续性问题较为突出（见图5-14）。

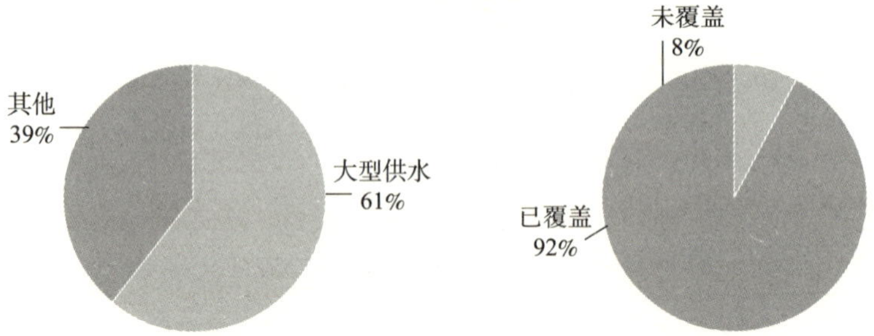

（a）大型供水设施覆盖率　（b）供水设施综合覆盖率

图5-14　赣州市重点帮扶村集中供水设施覆盖率情况统计

注：供水设施分为大型供水、小型供水及分散供水（泉、河、井水）。综合覆盖率是指集中式供水设施覆盖村落比例。

在供水方式安全性上，有3个重点帮扶村仅有泉水作为唯一水源，8个重点帮扶村仅有井水作为唯一水源，35个重点帮扶村仅有分散水源，缺少集中水源（见图5-15）。水源多样性上，集中式、分散式水源皆有的重点帮扶村占比为70%（见图5-16）。

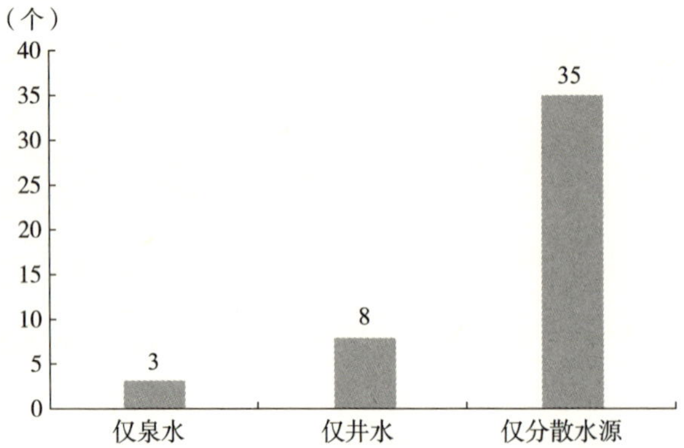

图5-15　赣州市重点帮扶村分散供水统计

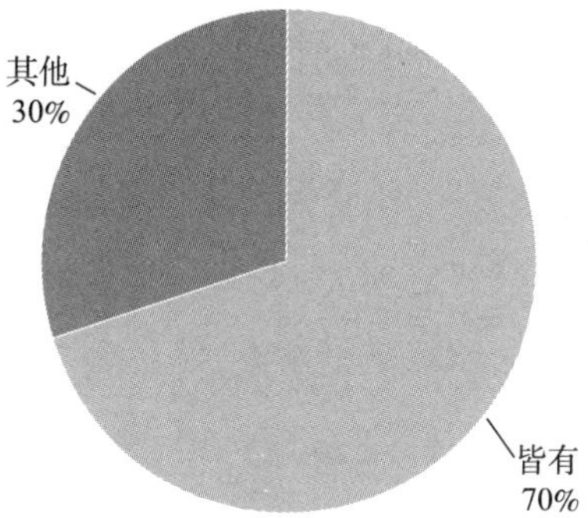

图 5-16 赣州市重点帮扶村多方式供水情况统计

2. 电力及道路

在供电和硬化路建设方面，从总数来看，赣州市有生产用电及硬化路的自然村整体分布较为集中；从覆盖率来看，赣州市重点帮扶村生产用电及硬化路的覆盖率超 90%，重点帮扶实现大范围的通电、通路；但仍有 0.60%（3 个）、0.40%（2 个）的重点帮扶村生产用电、硬化路覆盖率低于 50%，总数上，共有 51 个自然村无生产用电，78 个自然村无硬化路（见图 5-17）。总体来看，赣州市重点帮扶村在电力、道路基础设施建设上实现基本覆盖，但仍存在一定弱点、堵点，需进一步加大电力及道路设施建设力度。

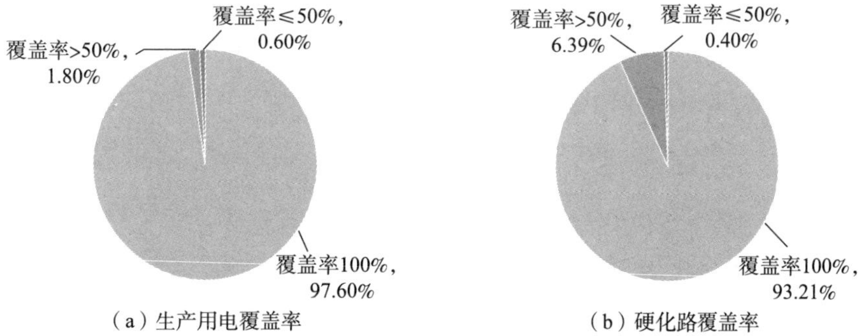

图 5-17 赣州市重点帮扶村生产用电及硬化路覆盖率统计

3. 通信

通信建设方面，赣州市有91.62%的重点帮扶村实现了100%互联网覆盖，7.58%的重点帮扶村互联网覆盖率过半，互联网覆盖率低于50%的重点帮扶村仅占0.80%（见图5-18）。其中，在未达100%覆盖的重点帮扶村中仍有146个自然村未能实现通互联网。总体来看，赣州市重点帮扶村互联网整体覆盖率较高，但未覆盖短板仍然存在，且未通网村落绝对数量大的问题较为明显。

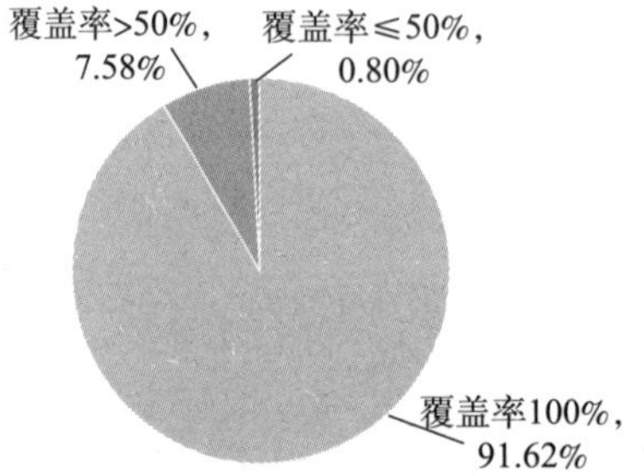

图5-18　赣州市重点帮扶村互联网覆盖率统计

4. 环境卫生

在污水处理设施建设方面，赣州市已建污水处理设施的重点帮扶村占比为37%，尚有63%的重点帮扶村无污水处理设施；在已建污水处理设施的重点帮扶村中，污水处理设施覆盖率达100%的村落占比为23.81%，超过60%的村落污水处理设施覆盖率不足50%，其中污水处理设施覆盖率不足20%的村落占比达38.10%（见图5-19）。重点帮扶村污水处理短板较为明显，污水处理设施建设率和已建设覆盖率尚不足。

在农村改厕建设方面，赣州市已完成改厕的重点帮扶村占比达75.25%，完成率超80%的合计占比达97.80%，总体改厕完成水平较高（见图5-20）。在未完成改厕的重点帮扶村中，赣州市共有180个自然村未实现农村改厕。重点帮扶村改厕完成度较好，绝大部分完全实现或基本实现农村改厕。

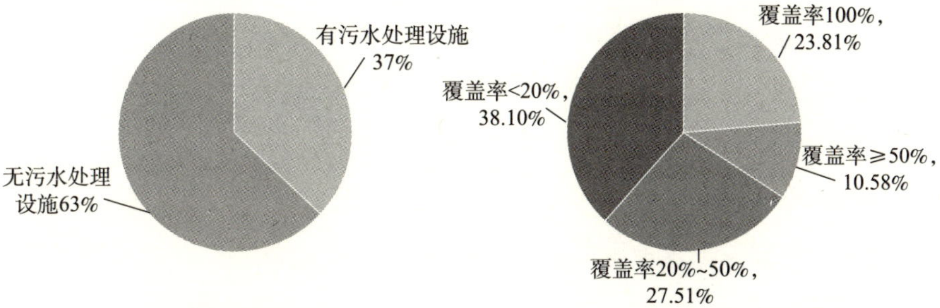

（a）污水处理设施建设情况　　（b）已建设污水处理设施覆盖情况

图 5-19　赣州市重点帮扶村污水处理设施建设情况及已建设污水处理设施覆盖情况统计

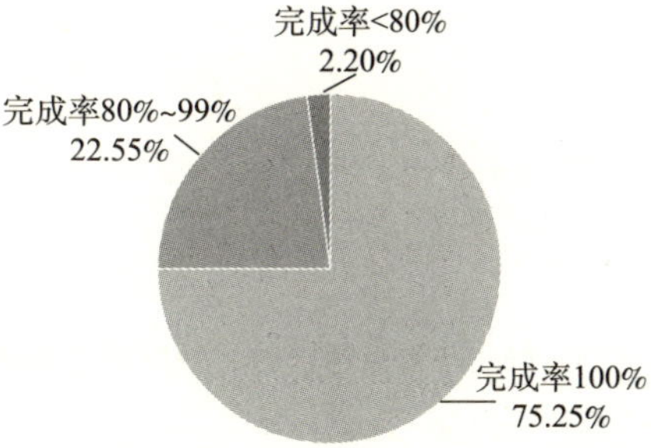

图 5-20　赣州市重点帮扶村改厕建设情况统计

（五）公共服务建设情况

1. 卫生及教育

在村卫生室建设方面，赣州市有村卫生室的重点帮扶村数量为 495 个，占比为 98.80%；无村卫生室的重点帮扶村有 6 个，占比为 1.20%，基本实现村卫生室全覆盖。在村小学建设方面，赣州市有村小学的重点帮扶村数量为 427 个，占比达 85.23%；无村小学的重点帮扶村有 74 个，占比为 15%，实现村小学较大范围覆盖（见图 5-21）。值得注意的是，仍有 3 个重点帮扶村既无村卫生室又无村小学，占比为 0.60%，在公共服务设施配套上存在较大短板。

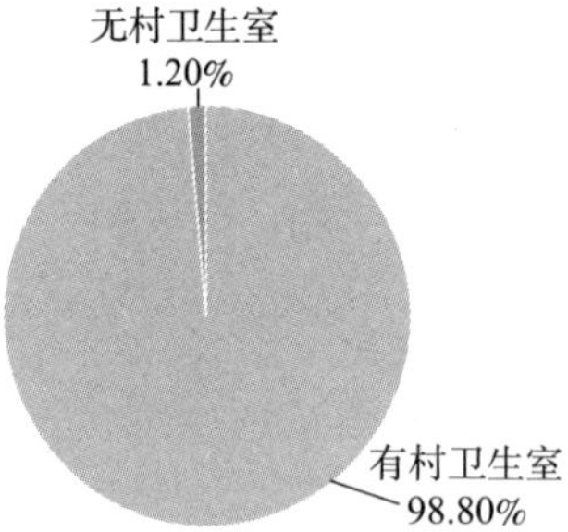

（a）卫生室建设情况

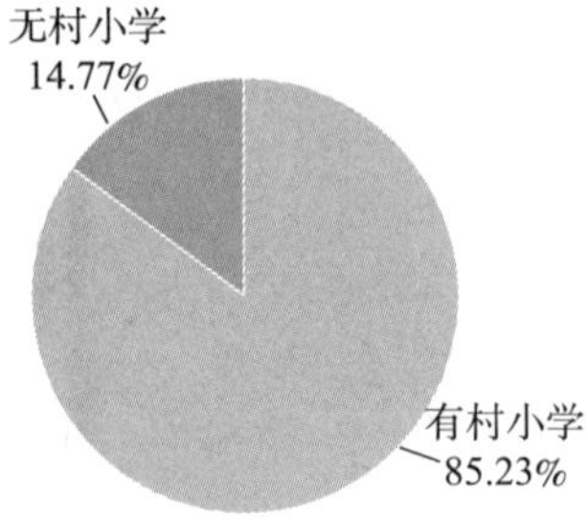

（b）小学建设情况

图 5-21 赣州市重点帮扶村公共服务建设情况统计

2. 社会治理

在村支部建设方面，赣州市有 79. 44%的重点帮扶村村支部组织力评级为“强”，有 20. 56%的重点帮扶村村支部组织力评级为“相对不强”，村支部组织力仍有进一步提升空间；在村级治理方面，赣州市有 77. 64%的重点帮扶村村级治理能力评级为“强”，有 22. 36%的重点帮扶村村级治理能力评级为“弱”（见图 5-22）。其中，有 89 个重点帮扶村村支部组织能力及村级治理能力评级同为“相对不强”和“弱”，占比为 17. 76%。由此可见，村支部组织能力、村级治理能力短板问题尚存，需加大社会治理能力建设。

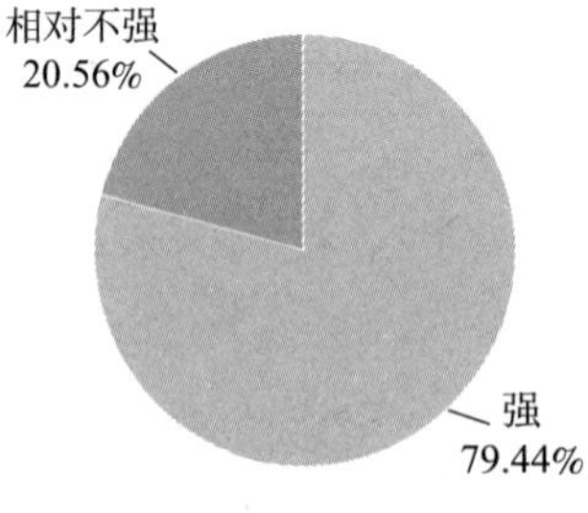

（a）村支部组织能力情况

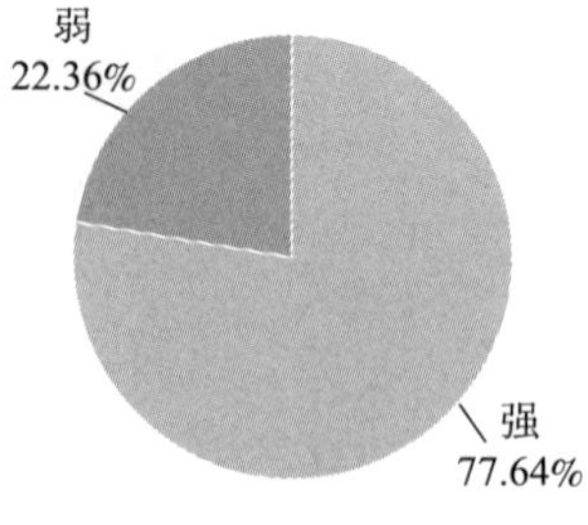

（b）村级治理能力情况

图 5-22 赣州市重点帮扶村社会治理能力情况统计

（六）分析及结论

1. 基建及公共服务分析

本书根据供水设施、生产用电、硬化路、网络设施、污水处理设施建设及卫生、教育、社会服务水平，对赣州市各重点帮扶村加权赋分[①]，形成基建及公共服务评价。评价分数分为“好”“良”“中”“差”四级，其中占比最高的等级为“中”（48.93%）；“差”等级占比为 36.30%，居于其次；“好”等级占比仅为 2.31%（见图 5-23）。综合来看，赣州市重点帮扶村基础设施建设及公共服务水平整体上较为薄弱，大部分村落在水、电、网、污等基础设施及村委、卫生、教育等公共服务上存在较明显短板。

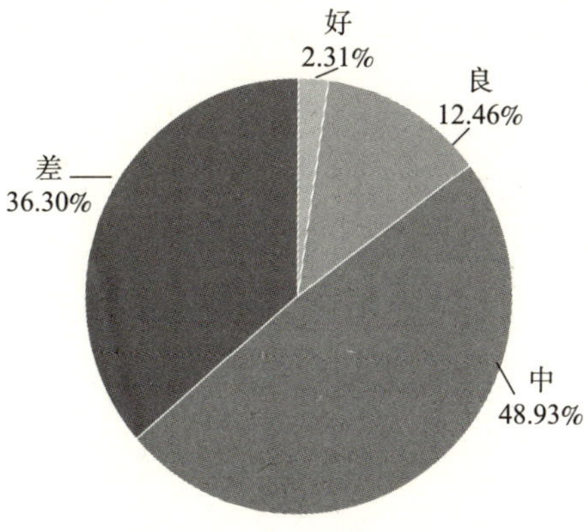

图 5-23　赣州市重点帮扶村基建及公共服务评价统计

2. 多维度分析

本章对产业数量、基建及服务水平评价、村集体经济收入三者进行比较发现，在村集体经济收入最少的 10%的重点帮扶村中，基

① 根据前章各基础设施及公共服务划分区间赋分，累加形成总分，≥20 分为“好”，18~20 分为“良”，15~18 分为“中”，<15 分为“差”。

建水平与产业水平存在明显的正比关系，即在乡村振兴发展初期，产业水平越高、基建及公共服务越好的村落能实现的村集体经济收入越高。

3. 结论

赣州市重点帮扶村的人口、旅游资源等要素条件较好，产业优势明显，种植、养殖业种类多、分布广泛，部分村落取得了较大的村集体经济效益优势，在供水、生产用电、污水处理设施、农村改厕等人居环境提升领域实现了基本覆盖，取得了脱贫攻坚显著成效。

同时，赣州市重点帮扶村“三弱二多一不强”问题较为显著，具体表现在：一是存在集中连片式不发达的帮扶地区，非贫困村帮扶比例高，返贫风险大；二是资源利用水平低，旅游资源、人口资源、产业资源未能充分利用，导致村集体经济收入整体效益低，仍有较大的开发空间；三是基础设施及公共服务建设有待提升，在供水、供电、污水处理、村级治理等方面存在较多短板。

此外，赣州市需进一步加大对弱势重点帮扶村的建设力度，加快基础设施及公共服务补短板、强产业，促进乡村振兴与脱贫攻坚的有效衔接。

第六章　乡村振兴衔接脱贫攻坚的可行性

一、脱贫攻坚积累了丰富的经验

在多年的农村扶贫工作实践中，特别是党的十八大以来农村的精准脱贫攻坚战中，我国无论是在基层组织建设上还是在干部队伍、工作方式方法上，都积累了丰富的经验，形成了符合实际情况、能发挥比较优势的特定模式，为乡村振兴打好了基础。同时，在领导责任制和工作机制层面，2017 年中央农村工作会议明确指出，要建立实施乡村振兴战略领导责任制，实行中央统筹、省负总责、市县抓落实的工作机制，要在建立科学的评价考核指标体系基础上，对各地实施乡村振兴战略的进展及绩效进行综合评价。这和现行的脱贫攻坚领导责任制、工作机制以及考核方式一脉相承。此外，最近几年刚脱贫的乡村，自然应成为实施乡村振兴战略的支持重点，这些乡村的产业发展基础还不够牢固、基础设施和公共服务仍有缺口、乡村治理体系和治理能力还相对较弱，仍需借助乡村振兴战略，巩固产业发展基础、提升基本公共服务、增强治理能力，保障稳定持续脱贫。

中国特色的扶贫实践以及党的十八大以来的精准脱贫攻坚战，充分显示了我国特色社会主义的制度优势，这一优势从两个方面保障了脱贫攻坚与乡村振兴的有效衔接。一是中国共产党的领导，为脱贫攻坚和乡村振兴有效衔接提供了强有力的领导核心与组织保障。中国共产党的领导直接决定和体现了中国特色社会主义性质。长期以来，党和政府在推进农村扶贫开发工作实践中，提出并不断继承和发展了中国的扶贫思想体系，将消除贫困、改善民生、实现共同富裕这一社会主义本质要求作为贯穿扶贫思想体系的核心。二是“集中力量办大事”的资源动员与整合能力。脱贫攻坚和乡村振兴都需要大量的“人、钱、地”等要素投入，需要社会各界的积极参与，专项扶贫、行业扶贫和社会扶贫“三位一体”的大扶贫格局也为乡村振兴战略实施奠定了坚实的群众基础。

二、乡村具有丰富的可挖潜资源

“绿水青山就是金山银山”，大部分贫困村拥有比较好的原始生态资源，可依托绿水青山、乡土文化资源，实施休闲农业和乡村旅游精品工程，建设一批设施完备、功能多样的休闲观光度假园区，发展“旅游+农业”“旅游+电商”“旅游+扶贫”等新业态，打造高品质、个性化、定制化、多元化旅游产品，提升乡村旅游的核心竞争力。可充分挖掘和拓展农业多功能性，发展农产品精深加工和农村新兴服务业。可引进龙头企业，成立合作社，培育和优化观光体验、康体养生等旅游项目，开发成地域和文化特色鲜明的旅游特色产品。充分利用和开发好生态资源，可有效地降低返贫风险。

2019 年 1 月，中国人民银行会同农业农村部等部门联合印发了《关于金融服务乡村振兴的指导意见》，提出支持符合条件的涉农企业在主板、中小板、创业板上市；鼓励中介机构适当降低对涉农企业上市和再融资的中介费用；在门槛不降低的前提下，继续对国家级贫困地区的企业首次公开募股等开辟绿色通道。上述政策为涉农企业利用资本市场增强自我发展能力提供了有力保障。2019 年 9 月，农业农村部在答复十三届全国人大二次会议第 6307 号建议时表示，下一步，农业农村部将配合中国人民银行、证监会等部门，积极推动相关政策落实，推动优化上市、挂牌和融资机制，支持符合条件的乡村创新创业企业登陆资本市场，有效发挥资本市场支持乡村创新创业、服务乡村振兴战略实施的作用。2021 年 5 月，农业农村部、国家乡村振兴局发布了《社会资本投资农业农村指引（2021 年)》，明确了社会资本投资农业农村的 13 个重点产业和领域，以及创新投入方式、打造合作平台、营造良好环境的具体措施。该文件提出，尊重农民主体地位、遵循市场规律、坚持开拓创新的基本原则，明确了鼓励投资的重点产业和领域，即现代种养业、现代种业、乡村富民产业、农产品加工流通业、乡村新型服务业、生态循环农业、农业科技创新、农业农村人才培养、农业农村基础设施建设、智慧农业建设、农村创业创新、农村人居环境整治和农业对外合作。

挖潜资源需要做到以下两个方面。一要创新社会资本参与乡村振兴的准入机制。清除阻碍要素下乡的各种障碍，凡是法律没有明文禁止的领域，社会资本都可以参与。加快制定鼓励引导工商资本参与乡村振兴的指导意见，落实和完善融资贷款、配套设施建设补助、税费减免、用地等扶持政策。应注重引导社会资本投向农村集体经济组织和农户干不了、干不好的领域。例如，应引导社会资本到农村发展适合企业化经营的现代种养业、农业服务业、农产品加工业，引领农业供给侧结构性改革和转型升级。二要创新社会资本与农民的利益联结机制。应通过产业链的合理分工带动农民发展现代农业，社会资本集中在农产品加工、农业服务业等环节，种养环节尽量由农户承担，走“公司+农户”“公司+家庭农场”的道路。应通过“资源变资产、资金变股金、农民变股东”的“三变”改革，带动农民和农村集体经济组织发展乡村休闲旅游、养老等产业和农村“三产融合”发展项目，或者与农村集体经济组织联办乡村旅游企业，或者配合农村集体经济组织以出租、合作等方式盘活利用空闲农房及宅基地，或者参与农村集体经济组织以入股、联营等方式使用通过村庄整治、宅基地整理等节约的建设用地。由于目前农村产权市场不成熟，农民和农村集体经济组织拥有的各类资产特别是资源性资产缺乏合理的定价机制，难以被充分估值，因而不宜长时间、大面积、一次性作价转让给社会资本，而应从长计议，主要以入股、联营等方式与社会资本合作，形成长期、稳定的收益分享机制。

三、乡村具有资本创新的可能性

推动“资源变资产、资产变股金、农民变股东”，赋予乡村资源一定的金融属性，能够盘活乡村存量资源，改善乡村落后面貌。如土地等自然资源活化入股，在清产合资、确权登记的基础上引导农民和村集体以土地等资源入股经营主体，按股份分红，共享乡村振兴开发收益。支持地方政府发行乡村振兴债券用于现代农业设施建设和乡村建设行动。鼓励村民和社会中介合作，以农产品的长期收益权发行债券。鼓励村民参与碳排放权交易，共享生态红利。社会资本的介入，能够最大限度地盘活乡村资源，实现可持续发展。

农业农村部部长韩长赋指出，社会资本参与乡村振兴前景广阔，要搞好扶持服务。他积极鼓励和欢迎各方英才到农村广阔天地中来，在创新创业中大显身手、大有作为。社会资本正在成为促进乡村振兴的重要力量。截至 2019 年底，以大学生、农民工、退役军人和科技人员为代表的下乡创新创业人员累计达 850 万人之多，形成“大众创业、万众创新”的磅礴之势。资本市场是实现创业投资价值的重要渠道，中央高度重视并大力支持涉农企业在各类资本市场上市挂牌融资。农村贷款难、贷款贵，这既与作为需求端的农村缺乏有效抵押物、良好的信用环境等有关，更与作为供给端的金融机构不能根据农业农村的特点提供金融产品和服务等有关。疏通金融服务乡村振兴的“肠梗阻”，必须坚持问题导向，从需求端和供给端推进体制机制创新。

从需求端来看，一是深化农村集体产权制度改革，分类有序提高集体产权的流动性。应加快修订《土地管理法》等现行法律，尽快研究制定农村集体经济组织法，充实农村集体产权权能。二是加强新型经营主体规范化管理。鼓励和引导家庭农场、农民专业合作社等新型农业经营主体，提高经营管理水平，健全财务账簿，增加经营信息的透明度。三是加强农村信用环境建设。

从供给端来看，一是创新农村金融机构的激励约束机制。抓紧出台金融服务乡村振兴的指导意见。落实涉农贷款增量奖励政策，对涉农业务达到一定比例的金融机构实行差别化监管和考核办法，推动农村金融机构回归本源。二是创新农村金融产品和服务。发挥龙头企业对产业链上游农户的增信作用，积极发展供应链、产业链金融。发挥村组干部、“新乡贤”等对周边农户的增信作用，积极发展农户信用贷款。把发展普惠金融的重点放到乡村。三是创新农村金融市场准入机制。完善村镇银行准入条件，提高其县域和乡镇覆盖率。在农民合作社内部扩大开展信用合作试点。

专栏6　广东长隆碳汇造林项目

林业碳汇通过市场化手段参与林业资源交易，从而产生额外的经济价值，其包括森林经营性碳汇和造林碳汇两个方面。交易内容为国家核证减排量（CCER），指对我国境内特定项目的温室气体减排效果进行量化核证，并在国家温室气体自愿减排交易注册登记系统中登记的温室气体减排量。广东长隆碳汇造林项目是首个以及唯一由国家签发、完成交易的CCER林业碳汇项目。

表 6-1　广东长隆碳汇造林项目相关内容

项目要素	具体内容
项目主体	项目业主：广东翠峰园林绿化有限公司 咨询机构：广东省林业调查规划院 指导和支持方：广东省林业局、中国绿色碳汇基金会 组织方：项目所在地县政府林业局 林地提供方：村集体
造林规模	13000 亩
项目位置	广东省欠发达地区，包括梅州市五华县转水镇、华城镇；兴宁市径南镇、永和镇、叶塘镇；河源市紫金县附城镇、黄塘镇、柏埔镇，东源县义合镇。其中，梅州市五华县 4000 亩，兴宁市 4000 亩，河源市紫金县 3000 亩、东源县 2000 亩
合同情况	事前签署碳汇造林三方协议，减排量签发备案后签署交易协议
交易价格、交易情况	价格为 20 元/吨，首个监测期交易碳排放量为 5208 吨
核证机构	中环联合（北京）认证中心有限公司
交易场所	广州碳排放权交易所
项目预期效果	预计减排 35 万吨，年均减排量是 1.7 万~1.8 万吨

四、农村集体用地仍有较大发展空间

社会资本的进入，不仅可以弥补政府和农民投入的不足，而且可以带来先进的理念和技术。在乡村振兴中用好社会资本这支重要力量，发挥其正能量，防范可能带来的风险，关键在于农村集体用地机制创新。土地是乡村振兴的根本保障，通过推动农村建设用地改革，优化农村土地流转服务，盘活集体土地资源，可以有效破解乡村产业发展空间瓶颈，乡村旅游业、村镇工商业等都能得到快速发展，从而让村民走上产业致富的道路。

五、数字经济助推农村产业发展

乡村振兴的关键是产业振兴，而乡村产业振兴更多的是农业振兴，农业振兴离不开科技支撑，因此必须推动农业科技创新更好地参与到乡村振兴事业中。要坚持以伟大事业为导向，着眼提升乡村振兴的支撑力，把科技赋能贯穿全过程，为全面推动乡村振兴注入强劲的动力。

面对生产主体的组织化、规模化程度偏低等难题，我国需要创新推动农业发展，借助数字化手段，建立数字化新型农民组织，打破组织间的信息壁垒；重视提高土地产出率和劳动生产率的技术进步，推动农业机械化发展；深化各经营主体的组织联结关系，鼓励农户加入合作社及农合联等组织，开展种植合作，促使利益联结“紧”起来、涉农资源“统”起来、合作运转“实”起来。

面对产销对接不畅，农产品质量及安全难以保证等难题，借助数字化手段，打破传统产销模式，加速传统农业各领域、各环节的全方位、全角度、全链条数字化改造，节省生产成本，对接供销市场形成基于区块链打造全程品质溯源体系，把有限的时间和精力用在出谋划策、助推发展的实际行动中，实现种植生产信息全上链。

面对农民信用身份缺失、金融授信慢、授信不精准等问题，可借助数字化手段，以卫星遥感、作物模型等数字技术快速评判项目价值和发展潜力；重视提高资源利用率，打破产业资源及政务信用信息壁垒，提升种植效率，实现农产品从田间到餐桌的快递流转，提高资金周转效率，综合提高农业收益，提升农村金融服务的可得性和便利性。

2021 年，《中共中央　国务院关于支持浙江高质量发展建设共同富裕示范区的意见》印发，这是以习近平同志为核心的党中央把促进全体人民共同富裕摆在更加重要位置做出的一项重大决策。中共中央、国务院高度重视共同富裕发展，强调消除贫困、改善民生，为推进人民群众物质生活和精神生活都富裕需在创新驱动发展战略、网络强国战略、国家大数据战略、“互联网+”等行动中对农业农村信息化做出重要部署。国家发展改革委在《产业结构调整指导目录（2019年本）》中提到，将“农业生产数字化改造和智慧农业工程”列为鼓励发展的产业，将农业数字化转型发展摆在突出重要位置。让广大人民群众共享改革发展成果，是社会主义的本质要求，是社会主义制度优越性的集中体现。《中华人民共和国国民经济和社会发展第十四个五年规划和2035年远景目标纲要》提出“完善农业科技创新体系，创新农技推广服务方式，建设智慧农业”。

在经济发展的基础上，我国要加快发展智慧农业，推进农业生产经营和管理服务数字化改造。实施农业“上云用数赋智”行动，推动数据赋能全产业链协同转型，促进社会全面进步；深化研发设计、生产制造、经营管理、市场服务等环节的数字化应用，不断提高人民生活水平，保证人民共享发展成果；培育众包设计、智慧物流、新零售等新增长点，深入推进服务业数字化转型，推动农业数字化转型发展的具体需求。

第七章　脱贫攻坚与乡村振兴有效衔接

一、乡村振兴实施步骤

短期有成效：补齐产业短板，巩固拓展脱贫攻坚成果。立足资源禀赋和市场需求，立足现有产业发展基础，持续推进规划实施，促进现有扶贫产业持续发展。乡村振兴战略的落地，有助于做大做强特色主导产业，加快发展特色种养、特色加工和乡村旅游，夯实脱贫攻坚产业基础。

中期可持续：培育“造血”机制，平衡城乡发展差距。增加对农村的公共投资，改革制约农村发展的体制机制，农村电商、特色产业等新型农村产业业态的发展有利于促进农民增收，要确保农民收入稳步提高，城乡收入差距进一步缩小。

长期塑品牌：改善生活环境，弘扬乡村文化。健全农村公共文化服务体系、增加公共文化产品和服务供给，为农村“引人气”“聚人才”，在丰富乡村文化生活的同时发挥农村这一乡土文化载体的重要作用，推动保护利用乡村传统文化，以实现建设生态宜居的美丽乡村，重塑乡村文化生态的效果。

二、有效衔接的基本策略

（一）以人为本，需求为先

坚持以需求为导向，以人本逻辑为主导，着眼创新改革、城市建设和提升社会治理能力，发挥信息化对科学高效配置资源的支撑和服务功能，推进数据融合与服务创新，显著提升智慧产业和数字政府建设给村民带来的体验感及获得感。

（二）创新引领，支撑发展

充分利用国家、省、市赋予农村农业的优惠政策，按照“人人参与、人人尽力、人人共享”的社会治理模式，促进国内大循环，改善农民户籍所在地的生产生活条件，实现从理念、技术到机制、模式的创新突破，在浙江开展试点为国内其他功能区域提供标杆和借鉴。

（三）资源共享，城乡集约

加强与新型智慧城市和数字政府顶层设计以及创新发展模式的衔接，实现城乡之间行业性基础数据、公共平台、共性平台和应用系统的共享与复用。充分利用通信和信息基础设施，以及各类基础库、主题库与业务库资源，实现集约化建设和资源共享。在重点行业和区域建设若干工业互联网平台与数字化转型促进中心，个性定制村民课堂，加快农村产业园区数字化改造，支持村民拥有向上流动和全面发展的机会，培育发展本地产业，有缩小城乡差距。

（四）政府引导，多元参与

充分发挥政府在规划、体制机制和统筹协调等方面的优势，满足村民基本营养、基本教育、基本医疗、基本住房的需要，积极引导社会力量参与智慧产业和数字乡村建设，强化市场机制在资源配置中的重要作用，探索多元化投融资机制，形成多方共赢的建设、管理与运营模式，保障每个人都有平等的机会获得基本能力，实现智慧乡村新发展。

（五）强化安全，保障有力

按照国家、省、市关于网络安全标准规范相关要求，根据乡村的特殊定位和网络安全新需求，研究网络安全面临的新形势和率先遇到的新问题，坚持网络安全与智慧乡村协同发展。建立健全标准规范，创新探索数据立法，创新发展监管机制，确保在新模式、新技术、新业务和新应用环境下的网络与信息安全。

三、有效衔接的内容

（一）打好产业翻身仗

打好产业翻身仗要发展农产品加工业、乡村特色产业、乡村休闲旅游业、乡村新兴服务业及完成农村创新创业的目标，支持现代农业产业园、农业产业强镇、优势特色产业集群及农产品仓储保鲜冷链设施建设。深化农村集体产权制度改革，保障农民财产权益，壮大集体经济，确保国家粮食安全，种业创新是农业科技创新的核心问题，我国种业自主创新与发达国家还有很大差距，有些品种单产水平还有较大提升空间，核心技术原创不足、商业化育种体系不健全，存在较多制约种子产业发展的“卡脖子”问题，我国要以乡村振兴为农业种业发展的重要抓手，确保我国粮种安全，把中国人的饭碗牢牢端在自己手中。构建现代农业产业体系、生产体系、经营体系，完善农业支持保护制度，发展多种形式适度规模经营，培育新型农业经营主体，健全农业社会化服务体系，实现小农户和现代农业发展有机衔接。促进农村一二三产业融合发展，支持和鼓励农民就业创业，拓宽增收渠道。

（二）实现农村现代化

实现农村现代化要加强农村基层基础工作，健全自治、法治、德治相结合的乡村治理体系，培养造就一支懂农业、爱农村、爱农民的“三农”工作队伍。巩固和完善农村基本经营制度，深化农村土地制度改革，完善承包地“三权”分置制度。保持土地承包关系稳定并长久不变，第二轮土地承包到期后再延长30年。推动小农户与现代农业有机衔接是深化农村改革的重要问题，农村电商、特色产业等新型农村产业业态的发展有利于促进农民增收，确保农民收入稳步提高，城乡收入差距进一步缩小。以产业促进农户扩大经营规模，使其发展成家庭农场等现代经营主体，实现农业生产结构、布局等的优化调整，巩固脱贫攻坚成果。提高农民科技文化素质，推动乡村人才振兴。建立健全城乡融合发展体制机制和政策体系，加快推进农业农村现代化。

（三）弘扬乡村文化

农村是乡土文化的载体，也是中华优秀传统文化的发源地，乡土文化的繁荣发展是弘扬中华优秀传统文化的基本内核。实施乡村振兴战略，要通过不断健全农村公共文化服务体系、增加公共文化产品和服务供给，为农村“引人气”“聚人才”，在丰富乡村文化生活的同时发挥农村这一乡土文化载体的重要作用，推动保护利用乡村传统文化，以实现建设生态宜居的美丽乡村，重塑乡村文化生态的效果。继续把农业农村作为一般公共预算优先保障领域，实施乡村建设行动，强化县城综合服务能力，统筹县域城镇与村庄规划建设，保护传统村落和乡村风貌，完善乡村水、电、路、气、通信、广播电视、物流等基础设施，提升农房建设质量，改善农村人居环境。按照“产业兴旺、生态宜居、乡风文明、治理有效、生活富裕”的总要求，中央预算内投资进一步向农业农村倾斜，乡村振兴战略取得切实有效的财政支持。

第八章 “后脱贫时代”乡村振兴政策建议

一、做好脱贫衔接工作，避免政策“紧急刹车”

（一）设立脱贫攻坚 5 年过渡期

实现巩固拓展脱贫攻坚成果同乡村振兴有效衔接，首先是做好政策的衔接。贯彻落实《中共中央　国务院关于全面推进乡村振兴加快农业农村现代化的意见》的要求，脱贫攻坚目标任务完成后，对摆脱贫困的县，从脱贫之日起设立过渡期，做到“扶上马、送一程”。“十四五”是脱贫攻坚与乡村振兴政策衔接过渡的重要时期，要做到帮扶队伍稳定、资金投入不减、政策支持不减、工作力度不减，不断加大资金投入，持续加大就业、金融、综合性保障等政策的落实力度，确保脱贫攻坚成果得到巩固。要按照“四个不摘”的要求，以各地区乡村振兴为抓手，保持现有帮扶政策、资金支持、帮扶力量总体稳定。特别是，在易地扶贫搬迁后续扶持上发力，把产业发展和就业扶持作为工作重点，着重在已脱贫“摘帽”县和脱贫基础比较脆弱的镇村进行重点攻坚，建立脱贫长效机制。“十四五”期间，我国要继续推进中央国家机关及有关单位对口支援工作和国家乡村振兴重点帮扶县工作，并加大政策支持力度。

专栏7　160个国家乡村振兴重点帮扶县名单

单位：个

省份	数量	国家乡村振兴重点帮扶县
内蒙古	10	巴林左旗、库伦旗、鄂伦春自治旗、化德县、商都县、四子王旗、科尔沁右翼前旗、科尔沁右翼中旗、扎赉特旗、正镶白旗
广西	20	马山县、融水苗族自治县、三江侗族自治县、德保县、那坡县、凌云县、乐业县、田林县、隆林各族自治县、靖西市、昭平县、凤山县、东兰县、罗城仫佬族自治县、环江毛南族自治县、巴马瑶族自治县、都安瑶族自治县、大化瑶族自治县、忻城县、天等县
重庆	4	城口县、巫溪县、酉阳土家族苗族自治县、彭水苗族土家族自治县
四川	25	金川县、黑水县、壤塘县、阿坝县、若尔盖县、红原县、道孚县、炉霍县、甘孜县、新龙县、德格县、白玉县、石渠县、色达县、理塘县、盐源县、普格县、布拖县、金阳县、昭觉县、喜德县、越西县、甘洛县、美姑县、雷波县
贵州	20	水城区、正安县、务川仡佬族苗族自治县、关岭布依族苗族自治县、紫云苗族布依族自治县、织金县、纳雍县、威宁彝族回族苗族自治县、赫章县、沿河土家族自治县、松桃苗族自治县、晴隆县、望谟县、册亨县、锦屏县、剑河县、榕江县、从江县、罗甸县、三都水族自治县
云南	27	东川区、会泽县、宣威市、昭阳区、鲁甸县、巧家县、盐津县、大关县、永善县、镇雄县、彝良县、宁蒗彝族自治县、澜沧拉祜族自治县、武定县、元阳县、红河县、金平苗族瑶族傣族自治县、绿春县、马关县、广南县、泸水市、福贡县、贡山独龙族怒族自治县、兰坪白族普米族自治县、香格里拉市、德钦县、维西傈僳族自治县
陕西	11	略阳县、镇巴县、汉滨区、紫阳县、岚皋县、白河县、丹凤县、商南县、山阳县、镇安县、柞水县
甘肃	23	靖远县、会宁县、麦积区、秦安县、张家川回族自治县、古浪县、庄浪县、静宁县、环县、镇原县、通渭县、渭源县、岷县、武都区、文县、宕昌县、西和县、礼县、永靖县、东乡族自治县、积石山保安族东乡族撒拉族自治县、临潭县、舟曲县
青海	15	同仁市、尖扎县、泽库县、共和县、玛沁县、班玛县、甘德县、达日县、玛多县、玉树市、杂多县、称多县、治多县、囊谦县、曲麻莱县
宁夏	5	红寺堡区、同心县、原州区、西吉县、海原县

专栏8 中央国家机关及有关单位对口支援工作

对口支援地市	特殊困难县（市、区）	对口支援单位
赣州市	章贡区（含赣州经济技术开发区）	工业和信息化部、公安部、国有资产监督管理委员会
	瑞金市	财政部、中国民用航空局、银行保险监督管理委员会（原银监会）
	南康市	证券监督管理委员会
	赣县	科学技术部、自然资源部（原国土资源部）
	信丰县	农业农村部（原农业部）、国家能源局
	大余县	新闻出版广电总局、应急管理部（原安全监管总局）
	上犹县	教育部、司法部（原国务院法制办）
	崇义县	生态环境部（原环境保护部）、体育总局
	安远县	交通运输部、全国供销合作总社
	龙南县	海关总署、食品药品监督管理总局
	定南县	银行保险监督管理委员会（原保监会）、国务院台湾事务办公室
	全南县	商务部、国家开发银行
	宁都县	人力资源和社会保障部、水利部
	于都县	国家卫生健康委员会（原卫生计生委）、国家粮食和物资储备局（原粮食局）
	兴国县	民政部、国家烟草专卖局
	会昌县	审计署、国家市场监督管理总局（原质检总局）
	寻乌县	中央宣传部、统计局
	石城县	司法部、国家乡村振兴局（原扶贫办）
吉安市	吉州区	税务总局
	青原区	文化和旅游部（原国家旅游局）
	吉安县	住房和城乡建设部
	吉水县	国家国防科技工业局

续表

对口支援地市	特殊困难县（市、区）	对口支援单位
吉安市	新干县	中国人民银行
	永丰县	中国国家铁路集团有限公司（原铁路局）
	泰和县	国家市场监督管理总局（原工商总局）
	万安县	国家林业和草原局（原林业局）
抚州市	黎川县	文化和旅游部（原文化部）
	南丰县	中国农业发展银行
	乐安县	国家民族事务委员会
	宜黄县	汕尾文物局
	广昌县	中共中央委员会统一战线工作部

注：以上对口支援期限暂为2013—2020年。

专栏9　四川分类指导全省涉农县推进乡村全面振兴

除了6个完全没有农村的城区外，四川将把全省176个涉农县（市、区）分为三类，进行分类指导、精准支持。

1. 国家和省级乡村振兴重点帮扶县

第一类为50个国家级和省级乡村振兴重点帮扶县，包括45个原国家级深度贫困县，其主要集中在“三州”，即甘孜州、阿坝州、凉山州，另外5个在秦巴山区革命老区。这些地方财力薄弱，产业发展刚刚起步，农民收入较低，虽然脱贫“摘帽”，但存在规模性返贫风险，是过渡期帮扶工作的重点，中央和省级财政安排衔接推进乡村振兴补助资金给予支持，具体为国家乡村振兴重点帮扶县每县8000万元、省级乡村振兴重点帮扶县每县4000万元。

此外，还将从财力保障、金融服务、土地政策、人才培养、基础设施、公共服务等方面予以集中支持。

2. 全省乡村振兴先进县

第二类为50个经济条件较好的县，将进行全省乡村振兴先进县创建。这50个县主要分布在成都平原、攀西安宁河谷地区和各市的主城区，区位条件比较优越，农业基础比较好，农民年人均收入在2万元以上，具备全面推进乡村振兴的条件。这类县（市、区）要积极争创全省乡村振兴先进县，并且对获评先进的县一次性给予6000万元的财政补助资金、新增建设用地年度指标300亩、优先安排省级涉农项目，并从中遴选出若干基础条件比较好的县（市、区），采取量身定制的政策，支持其争创全国县域经济的百强县、百强区。

3. 丘陵山区乡村全面振兴示范区

第三类为介于前两类之间的76个县，其主要集中在丘陵山区，农业占比较大、农村人口较多、农村人均收入较低，发展不平衡问题比较突出，产业发展基础设施相对薄弱，靠自身推进乡村振兴存在一定难度。四川省将开展丘陵山区推进乡村全面振兴示范区建设，支持这类县选择部分乡镇和村连片推进乡村全面振兴，对农村道路、小水利、农田建设等方面给予项目资金支持，在涉农政策项目安排上，将粮食贡献率作为重要指标给予倾斜支持。

（二）建立健全财政投入保障制度

推动乡村振兴，离不开国家财政资金的支持，需要建立健全农业支持保护体系和实施乡村振兴战略财政投入保障制度。县级以上人民政府应当优先保障用于乡村振兴的财政投入，尤其是加大对革命老区、民族地区、边疆地区实施乡村振兴战略的支持力度，实行目标、任务、资金、权责“四到县”。允许县一级在确保完成中央与省的约束性任务前提下，统筹整合使用省级及以下各类乡村振兴财政投入资金，重点向县级倾斜，赋予县级政府合理使用资金的自主权。各级政府按照国家有关规定调整完善土地使用权出让收入使用范围，到2025年各省土地出让收益中用于农业农村的比例须达到50%以上。中央保留部分土地出让收益的统筹权利与比例，通过省级（中央）统筹的方式重新分配省内（全国）土地收益，以重点支持脱贫县。

（三）健全防止返贫动态监测和精准帮扶机制

相关部门要充分发挥防止返贫监测和帮扶机制作用，全面梳理易发生返贫致贫的风险点，实行动态管理。将符合条件的因灾、因疫、因病、因残等返贫致贫人口及时录入监测系统，采取针对性措施帮扶。落实好老弱病残等特殊困难群体综合保障政策，将有致贫风险的边缘人口及时纳入帮扶范围。继续对脱贫村、脱贫人口开展监测，持续跟踪其收入变化和“两不愁三保障”巩固情况，定期核查，及时发现，及时帮扶，动态清零。重点聚焦刚脱贫的区域和人口，如“三区三州”等曾经被列为深度贫困的地区。以家庭为单位，主要监测建档立卡贫困户中已脱贫但不稳定户和收入略高于建档立卡贫困户的“边缘户”；人均可支配收入低于国家扶贫标准1.5倍左右的家庭，以及因病、因残、因灾、因新冠肺炎疫情影响等引发的刚性支出明显超过上年度收入和收入大幅缩减的家庭。通过农户申报、乡村干部走访排查、相关行业部门筛查预警等途径，由县级扶贫部门确定监测对象，并录入全国扶贫开发信息系统，实行动态管理。对有劳动能力的监测对象，主要采取开发式帮扶措施，包括产业帮扶、就业帮扶等。对那些没有劳动能力的监测对象，进一步强化综合性社会保障措施。

（四）加强农村低收入人口常态化帮扶

要开展农村低收入人口动态监测，实行分层分类帮扶。对有劳动能力的农村低收入人口，坚持自主式帮扶，帮助其提高内生发展能力，发展产业、参与就业，依靠双手勤劳致富。在农业农村基础设施建设领域推广以工代赈方式，吸纳更多脱贫人口和低收入人口就地就近就业。对脱贫人口中丧失劳动能力且无法通过产业、就业获得稳定收入的人口，以现有社会保障体系为基础，按规定纳入农村低保或特困人员救助供养范围，并按困难类型及时给予专项救助、临时救助。农村低收入人口常态化帮扶模式如图 8-1 所示。

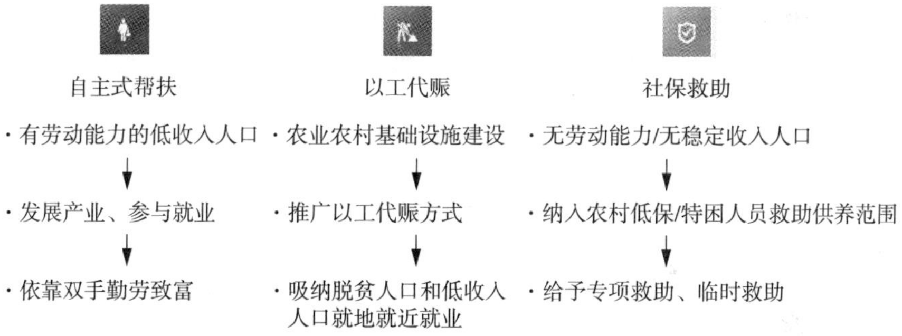

图 8-1　农村低收入人口常态化帮扶模式

（五）持续加大政府对乡村资金的财政投入力度

要落实国家实施乡村振兴战略财政投入保障制度要求，加快建立财政涉农资金统筹整合长效机制，实行目标、任务、资金、权责“四到县”。允许县一级在确保完成中央与省级约束性任务前提下，统筹整合使用省级及以下各类乡村振兴财政投入资金。调整完善土地出让收入使用范围，进一步提高农业农村投入比例。完善水田指标交易机制，市、县持有的水田指标交易收入全部上缴同级财政，用于农业农村建设。用好拆旧复垦等政策，所得收益主要用于巩固脱贫攻坚成果和支持乡村振兴。探索发行一般债券用于支持乡村振兴领域公益性项目。

（六）推进党政干部驻村第一书记制度

中共中央、办公厅印发的《关于向重点乡村持续选派驻村第一书记和工作队的意见》提出，全面推广各省、自治区、直辖市持续向重点乡村选派驻村第一书记和工作队。在严格落实脱贫地区“四个不摘”要求的基础上，合理调整优化驻村第一书记和工作队选派，整合驻村力量，拓展帮扶内容，确保巩固拓展脱贫攻坚成果同乡村振兴体系有效衔接，逐步转向全面推进乡村振兴。

（七）鼓励乡镇企业与贫困村民签订长期劳务合同

及时监测乡村易返贫人口，鼓励和引导当地乡镇企业弘扬企业社会责任感，与村民签订长期或季节性劳工合同，为村民就地就近就业提供保障生活收入的来源。

二、推动乡村分类管理，因地制宜综合评判

（一）发展条件较差的乡村

地势险峻多变、气候寒冷等综合自然条件恶劣的乡村，后续发展前景受限较大，宜坚持“绿水青山就是金山银山”和山水林田湖草有机生命共同体的发展理念，优化土地利用结构，加快补齐乡村发展短板，优化乡村生产、生活、生态空间。注重保护和传承民族文化，注重减灾与减贫的有机结合，充分发挥其特有的后发优势，在资源环境承载力的基础上推进现代农牧业、生态旅游业等生态型产业的发展，引导城镇基础设施和公共服务向农村延伸，促进城乡融合，减轻乡村资源短缺负担，推动乡村可持续发展。

（二）发展条件一般的乡村

在某一方面有资源禀赋优势、能为农业发展提供条件的乡村，宜在

巩固现有特色农业生产种植的基础上强化推广节水保育技术，提升农业机械化水平，发展绿色有机特色农业，提升农业机械化和标准化，构建多元化的农业经营体系，在满足乡村发展的基础上，优化农业种植模式和农业生产结构，注重现代农业与工程技术的结合，不破坏当地生态屏障。强化对外交通联系，即以道路交通为主的基础设施建设和城镇化发展，推动区内区外联系和城市对乡村的带动作用，大力发展以旅游业为主的第三产业，促进农业结构调整和乡村经济社会转型发展。

（三）发展条件较好的乡村

对于资源环境承载能力强、整体发展水平较高的乡村，要完善基础设施配套和农业中小型机械使用，提升要素资源的效益与效率，推进乡村地区产业升级和一二三产业融合发展，提升农业综合生产能力与竞争力，提高农民技能和收入水平，强化城镇发展的辐射带动作用，大力发展外向型、都市型、高品质的多功能产业，促进新型工业化、信息化、城镇化、农业现代化同步发展，建设区域性优质高端农产品市场体系，推进乡村地区产业的横向和纵向联系。

三、深化农村土地改革，释放集体土地资源

（一）探索实施点状供地

为解决乡村振兴专项建设用地指标难落地问题，对乡村振兴建设项目用地探索实施点状供地，即按照“建多少、转多少”原则，依法办理农用地转用和土地征收手续。对使用零星、分散建设用地实行“多点一证”管理，探索建设用地单点、多点组合申报模式。在点状用地项目选址符合相关规划的前提下，鼓励优先使用存量建设用地。建设项目符合划拨用地使用条件的，允许以划拨方式供地。经营性用地须严格按照公开方式出让。对存在申请备案手续问题或因其他历史原因，已经建成

或在建的农业休闲设施、农业建设项目，在符合法律、法规规定和政策的框架内，可按分类处置原则，根据实际情况研究解决办法，统筹安排建设用地指标，以解决项目建设合法合理的用地需求。

（二）推动农村建设用地改革

探索推进拆旧复垦，鼓励开展“空心村”、边远小型村的拆除撤并，推进闲置宅基地整理复垦，清理空置住宅、“一户多宅”、违章建筑、违规搭建，促进旧村改造和中心村建设。坚持“一户一宅”和城镇建设用地增加与农村建设用地减少相挂钩原则，对农民自愿退出多余宅基地、进城购房落户自愿放弃原有宅基地以及置换宅基地等实行激励奖补。鼓励各地探索构建宅基地有偿使用和退出机制、宅基地与城镇房屋置换机制。

（三）用活农村存量集体建设用地

鼓励以村、组为单位，乡镇政府组织开展土地综合整治、宅基地整理、村庄拆改等行动，促进农村集体建设用地集中集约利用，节约的集体建设用地优先满足本村（组）乡村振兴建设项目用地需求，重点用于乡村旅游、休闲农业、农业公园、田园综合体等新产业、新业态。探索农村集体经济组织以出租、合作、入股等方式盘活利用空闲农房及宅基地，大力发展乡村休闲旅游业。

（四）优化农村土地流转服务

加快编制村土地利用规划和村庄规划，将宅基地和农房建设纳入规划管理范围，统筹安排农村各项土地利用活动，促进农村土地规范、有序和可持续利用。大力推动农村集体以自主开发、合资合作、出租入股等方式，参与经济合作社、股份合作社或股份合作公司，探索公司化改革道路，增强村级集体“造血”功能。全面推进农村集体产权制度改革国家试点工作。

（五）巩固和完善农村基本经营制度

落实农村土地承包关系稳定并长久不变政策。衔接落实好第二轮土地承包到期后再延长 30 年的政策，让农民吃上长效“定心丸”。应用好土地承包经营权确权登记颁证成果，完善农村承包地所有权、承包权、经营权“三权分置”制度，在依法保护集体所有权和农户承包权前提下，平等保护土地经营权。建立农村产权交易平台，加强土地经营权流转和规模经营的管理服务。加强农用地用途管制。完善集体林权制度，引导其规范有序流转，鼓励发展家庭林场、股份合作林场。发展壮大农垦国有农业经济，打造一批具有竞争力的大型农垦企业集团。

四、培育乡村“造血”机制，打造特色产业体系

（一）建立“镇村联动”共享机制

鼓励地方出台镇村共享机制实施办法，探索“镇级统筹、镇村共建、利益共享”的发展模式，通过一系列的扶持奖励措施，调动村、组两级的积极性，培育和引进税源型企业。推动镇、村（组）联动发展，完善村招商激励和利益分享机制。鼓励村（组）盘活可利用土地资源用于招商引资，实行镇、村（组）联合招商，发展集体经济，增加村集体收入，实现镇、村（组）“双赢”。按税收镇级留成的一定比例作为村（组）发展资金奖励给村（组）。

专栏 10　“镇村联动”共享机制

广东东莞市横沥镇“镇村联动”共享机制实施办法（节选）

第一条　为深入贯彻落实《东莞市人民政府关于坚持和完善民生保障机制建设高水平小康社会的实施意见》（东府〔2020〕1 号）

精神，加快促进我镇各村均衡发展，提高村（组）招商引资积极性，大力推动集体经济升级。对符合条件的项目，其地方税收留成按比例给予村奖励，特修订本实施办法。

第二条　以“镇级统筹、镇村共建、利益共享”的发展模式，通过一系列的扶持奖励措施，培育和引进税源型企业；通过推动企业做大做强，增加企业纳税，从而实现税收的增长。

第三条　成立横沥镇“镇村联动”共享机制工作领导小组，由镇长兼任组长，副组长由党政办、财政分局、城市更新办、投资促进办、农资办等部门分管领导兼任，小组成员包括党政办、财政分局、城市更新办、投资促进办、农资办、各村。

第四条　本办法适用的对象是横沥镇各村（组）。所引进的招商项目须是符合市镇发展建设规划、产业政策和准入标准的工业项目。

重点推进“五大领域、十大产业”项目落地，包括：一是新一代信息技术领域（新一代人工智能、新一代信息通信、智能终端）；二是高端装备制造领域（工业机器人、高端智能制造装备）；三是新材料领域（先进材料）；四是新能源领域（新能源汽车、高性能电池）；五是生命科学和生物技术领域（生物医药、高端医疗器械）。

第五条　工作目标。

（一）招商资源有效整合。厘清全镇可供招商的资源，包括土地、厂房等，实行规范和动态管理；不断加快完善可利用土地的手续，为吸引优质项目快速落地打好前期基础，建立信息共享机制，统筹全镇的招商洽谈项目和场地资源信息，共享数据资源。

（二）招商引资再上台阶。镇、村（组）招商引资实效明显增强（重点引进中国民营500强企业、行业领军企业、上市后备企业等重大项目），每年协议引资额争取达到30亿元以上。前期的招商引资项目建成投产，产生经济效益和社会效益，“有税经济”得到社会广泛支持。

（三）村经济实力明显增强。通过统筹联动发展，调动各村（组）盘活土地资源、大力招商引资的积极性，招引一批优质企业落户村（组），促进村经济发展，增加村经济收入，提高村民生活水平。

（二）构建特色绿色农业

鼓励乡镇与周边大中城市签订“菜篮子”供应协议，乡村做好“一村一品、一村一业”。依托特色产业，拉长产业链条，引导农民从农业生产领域逐步向加工营销和二三产业转移，从单纯就业向自主创业转变，让农民更多分享产业增值收益。加快健全现代农业全产业链标准体系，推动新型农业经营主体按标生产，培育农业龙头企业标准“领跑者”。

大力开展绿色生态产业标准化建设，制（修）定符合国家标准、具有地方（行业）特色的质量安全标准和农业技术规范，以国家级农业标准化示范县、畜禽标准养殖示范场、生猪定点屠宰标准化示范厂（场）、水产健康养殖场为重点，建设一批高标准、高起点、规模大、市场竞争力强、全国一流的农产品标准化生产基地，大力推进以现代农业示范园区“四区四型”为一体的发展模式，鼓励有条件的县开展全域有机生产。

探索“1+6+N”乡村农业发展模式：“1”即引进公司投资经营，各行政村分别成立村集体农业产业合作社；“6”即公司按照统一品种、统一购药、统一标准、统一检测、统一标志、统一销售“六个统一”的产前、产中、产后服务模式进行带动经营；“N”即统筹整合要素入股、就业务工、土地流转、订单生产等各种途径，千方百计把农户特别是脱贫户联结起来、带动起来，拓宽收入渠道。

特色绿色农业体系构建如图 8-2 所示。

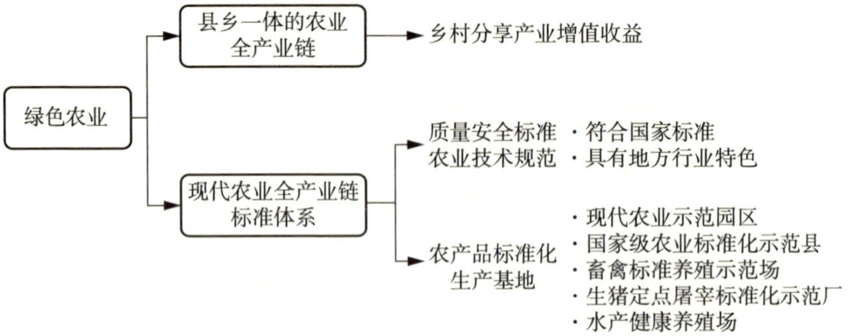

图 8-2 特色绿色农业体系构建

（三）发展乡村特色旅游业

利用好乡村生态旅游资源，改造提升乡村景观、镇村风貌，体现民风特色，因地制宜打造特色街区，保证村镇整洁卫生、管理有序，开展美丽乡村风貌提升行动和绿化、美化、亮化行动，践行“两山”理论。挖掘提炼乡村历史文化、农耕文化、人文底蕴，促进农村新产业、新业态、新模式成长，将工农业与信息、旅游、文化、康养、餐饮等产业深度融合，强链、补链、延链现代乡村富民产业。

（四）推进设备及技术升级

推动农业产业化带动农业现代化发展，加快高端农机装备和丘陵山区果菜茶生产、畜禽水产养殖等农机装备的生产研发、推广应用。促进农机、农艺相融合，积极推进作物品种、栽培技术和机械装备集成配套，加快主要作物生产全程机械化，提高农机装备智能化水平。强化农业机械化新技术示范，建立和完善不同区域、不同耕作制度和不同作物的农业机械化新技术示范区。统筹实施“未来数字乡村”计划，逐步实施农村光纤入户项目，加强未来数字乡村新基建。发展现代智慧农业，创新应用智能农业设备，开展智慧种植，提高工作效率。吸引年轻人和高素质的农业人才扎根农村，实施“新农人”培养计划。探索将智能化农业装备纳入农机补贴范围。联合科技头部企业，提升农业技术推广站对大数据、物联网、遥感、人工智能等技术的推广能力。建设一批数字农业试点（示范）县，对在脱贫县建设无人农场、5G 智慧农业试验区、农业科创园提供专项补贴和资助，形成可复制、可推广的发展模式。加强对脱贫人口的互联网及数字技术培训，包括直播、电商及其他 IT 应用技术等培训，提升其与现代数字社会的接轨能力。

（五）完善县、乡、村三级农村物流体系

改造提升农村寄递物流基础设施，深入推进电子商务进农村和农产品出村进城，推动城乡生产与消费有效对接。促进农村居民耐用消费品更新换代。加快实施农产品仓储保鲜冷链物流设施建设工程，推进田头小型仓储保鲜冷链设施、产地低温直销配送中心、国家骨干冷链物流基地建设。完善农村生活性服务业支持政策，发展线上、线下相结合的服务网点，推动便利化、精细化、品质化发展，满足农村居民消费升级需要，吸引城市居民下乡消费。

（六）建立城乡普惠的数字化农村金融服务

推动农村数字化信息共享基础平台建设，推动金融网点下沉等金融服务“村村通”工程，推进镇一级金融机构网点、助农取款点和金融（保险）服务站全覆盖，提升金融支农服务技术，实现资本助力支持乡村生产、乡村文旅建设。鼓励在“公司+现代家庭农场”“公司+理事会+农户”“合作社+合作社”等经营机制下，引入以特色农业保险为代表的相关金融服务和金融产品，降低农业活动的经营风险。

专栏 11　乡村振兴金融支撑行动

1. 金融服务机构覆盖面提升工程

稳步推进村镇银行县（市、区）设立工作，提高县域银行业金融机构服务覆盖面。在严格保持县域网点稳定的基础上，加大评估考核力度，推动银行业金融机构到空白乡镇设立标准化固定营业网点。

2. 农村金融服务“村村通”工程

在具备条件的行政村，运用多样化金融电子机具向行政村延伸服务，通过农村社区超市、供销社经营网点，利用互联网和移动通信技术，广泛布设金融电子机具、转账电话、自助服务终端和网络支付端口等，使服务触角遍布每一个乡村。

3. 金融支农服务技术提升计划

将现代信息技术融入存取款、支付结算、小额贷款等各项业务，创新“三农”金融服务的新渠道、新手段、新方式和风控措施，为各类农业经营主体提供基础性、综合性金融服务。

4. 农村贷款产品创新

深化“银保合作”，开发以贷款保证保险为风险缓释手段的小额贷款产品。探索以仓单等作为风险缓释手段的贷款融资方式，开展适合新型农业经营主体的订单融资和应收账款融资业务。在具备条件的地区开展包括大型农机具在内的农业生产设备、设施抵押贷款业务。

（七）推进农业科技成果转化和推广

鼓励高校、科研院所建立一批科技成果转移示范机构和面向企业的技术服务网络，通过研发合作、技术转让、技术许可、作价投资等方式，实现科技成果市场价值。健全省、市、县三级科技成果转化工作网络，大力支持发展技术交易市场，推进创新型乡镇建设。积极开展农技推广服务，支持和引导科研教学机构积极开展农技服务，实施科技特派员制度，持续开展“农业大讲堂宣讲”活动，到2022年，基本实现一村一名农技指导员、一县一科技示范基地和“一村一品”全覆盖。

（八）推进农业消费扶贫建设

大力推行“万企帮万村”精准扶贫战略，鼓励企业充分发挥市场主体和创新主体的重要作用，与对口地区签订产品和服务协议，对欠发达地区实施更精准的举措。规范开展扶贫产品认定工作，在生产加工、检测检疫、仓储物流等方面加大对扶贫产品生产经营主体的支持力度，把质量好、价格优、特色强、带贫多的扶贫产品推向大市场，解决好消费扶贫“卖什么”的问题。

抓好“1+N”消费扶贫平台建设，支持电商物流等龙头企业设立扶贫馆，支持有条件的特色产品纳入“圳品”体系管理。以主要电商平台和大型商贸流通企业为主体，依托社会扶贫网，动员企业设立消费扶贫专区，助力扶贫产品的宣传、展示和销售。为扶贫活动提供平台支撑，为扶贫产品供应商、经销商和采购方提供支付结算、后台连接等技术支持，以及推荐扶贫产品、拓宽销售渠道等服务，及时统计扶贫产品销售数据，解决好消费扶贫“怎么卖”的问题。

五、创新乡村经营方式，鼓励引入社会资本

（一）鼓励村民引入社会资本，共享开发收益

实现“资源变资产、资产变股金、农民变股东”。土地等自然资源

活化入股，在清产合资、确权登记的基础上引导农民和村集体以土地等资源入股经营主体，按股份分红，共享乡村振兴开发收益。

建设多元化的资金投入格局，通过财政资金撬动民间社会资本，让民间社会资本在农村“大显身手”。国家制定出台操作指引，支持地方政府发行债券，用于现代农业设施建设和乡村建设行动，落实资金“下得去”村庄、普惠到农户。政府把设施资产分包给村集体，村集体把量化后的资产分包给农民，使用权、处置权、分配权留给村集体，收益权留给村民，剩余的收益用于偿还债券。村集体通过资产入股县级平台公司，以商业银行、保险公司、农村信用社等适用金融工具，完成运营期资金需求，通过县级平台开发村级重点项目，县级平台公司做好高质量项目储备工作，推动农业农村多功能性产业化和乡村价值深度开发，确保未来收益用于偿还债券。通过财税撬动社会力量参与，实现“债券资本—设施资本—产业资本—债券资本”的资本闭环，支持乡村产业发展。

（二）加大对重点帮扶县的金融资源倾斜

支持以市场化方式设立乡村振兴基金，重点支持乡村产业发展和公共基础设施建设。推动地方扩大乡村振兴专项债券规模，包括“三农”专项金融债券、农村产业融合发展专项债券。支持交易商协会、交易所扩大乡村振兴票据、乡村振兴公司债券的发行，限定相关募集资金中不低于一定比例的必须用于巩固脱贫攻坚成果、推动乡村振兴等领域。支持发行主体提高评级，提升乡村振兴信用债券的单笔募集规模，降低发行成本。

（三）健全农村金融组织体系

鼓励银行机构调整优化原有经济资本配置、内部资金转移定价、人员配备、考核激励、费用安排，在信贷审批流程、授信权限、产品研发方面对乡村振兴业务予以政策倾斜。推动金融网点下沉等金融服务“村村通”工程，支持传统金融机构下沉网点发展低利率普惠金融，共同设立扶贫产业发展基金、风险补偿基金和扶贫贷款担保基金，以财政资源撬动商业银行的大规模投入。加大对扶贫领域、“三农”和小微企业的贷款投放力度，提升脱贫用户的信贷额度。完善金融机构服务乡村振兴考核评估办法，降低涉农贷款不良率指标权重。

（四）建立健全多层次农业保险体系

完善农业保险保费补贴政策，扩大中央财政对地方优势特色农产品保险以奖代补试点范围，实现对脱贫县全覆盖，对试点保险标的或保险产品不设限制。扩大特色农产品“价格保险+期货”试点工作，积极探索开展农业大灾保险。鼓励在“公司+现代家庭农场”“公司+理事会+农户”“合作社+合作社”等经营机制下，引入以特色农业保险为代表的相关金融服务和金融产品。

（五）推广乡村振兴债券

对于政府主导、财政支持的农村公益性项目，以债券的形式募集市场资金，引导企业和社会组织参与建设、管护及运营。鼓励企业在现代农业、产业融合、生态修复、人居环境整治和农村基础设施等发行乡村振兴债券，在期限和利率上给予一定支持。

专栏 12　乡村振兴专项债券发行情况

国家支持地方政府债券的发行，支持地方政府发行一般债券与专项债券用于现代农业基础设施建设和乡村建设行动，制定出台操作指引，做好高质量项目储备工作。政府把设施资产分包给村集体，村集体把量化后的资产分包给村民（村集体成员），村民保留资产所有权，但是使用权、处置权、分配权留给村集体，村集体把收益权留给村民。随后村集体拿大规模山水湖草的资产对接外部投资人，利用二级市场吸引投资人并完成定价。当资产完成定价之后，将价值化之后的资产进行工商登记变成一个工商企业。县里建立一个平台公司，发挥财政投入引领作用，支持以市场化方式设立乡村振兴基金，以县域经济的名义把生态空间资源纳入多规合一的综合规划方案。村集体通过资产入股县级平台公司，以商业银行、保险公司、农担公司开发的适用金融工具通过县级平台带动村级开发重点项目。该过程中发行的债券给投资公司完成资本循环的闭环，撬动金融资本、社会力量参与，支持乡村产业发展。

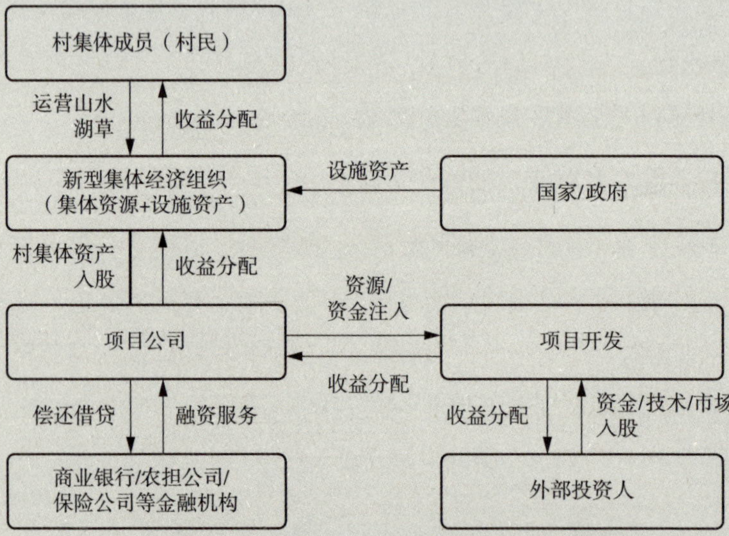

图 8-3　村集体利用乡村振兴债券融资思路

（六）充分利用自然生态资源

进一步盘活森林、草原、湿地等自然资源，允许集体经济组织灵活利用现有生产服务设施用地开展相关经营活动。鼓励各类社会主体参与生态保护修复，对集中连片开展生态修复达到一定规模的经营主体，允许在符合土地管理法律法规和土地利用总体规划、依法办理建设用地审批手续、坚持节约集约用地的前提下，安排治理面积的一定比例从事旅游、康养、体育、设施农业等产业开发。深化集体林权制度改革，全面开展森林经营方案编制工作，扩大商品林经营自主权，鼓励多种形式的适度规模经营，支持开展林权收储担保服务。进一步健全自然资源有偿使用制度，开展生态产品价值实现机制试点，研究探索生态产品价值核算方法。

（七）建立生态补偿资金稳定增长机制

总结首批重要生态区非国有商品林赎买试点经验，适时扩大试点范围。鼓励地区间建立横向生态保护补偿机制，引导生态受益地区与保护地区之间、流域下游与上游之间，通过资金补助、产业转移、对口支援、移民安置、人才培训、共建园区等方式实施补偿。建立健全排污权交易制度、碳排放权交易制度、水权交易制度、用能权交易制度，参照脱贫攻坚时期水、电、矿产资源开发资产收益扶贫改革试点制度，探索通过市场方式充分转化自然资源价值并反哺地方群众的有效途径。

专栏 13　重点领域生态保护补偿机制试点

1. 排污权交易试点

探索建立排污权交易制度，在造纸、印染行业开展化学需氧量、氨氮排污权有偿使用和交易试点，在火电、钢铁、水泥行业开展二氧化硫、氮氧化物排污权有偿使用和交易试点。

2. 碳排放权交易试点

探索建立碳排放权交易市场体系，落实碳排放权交易制度，探索林业碳汇等交易模式。

3. 水权交易试点

探索建立水权交易制度，推进高安市、新干县、抚州市东乡区等 3 个水资源使用权确权登记试点，鼓励地方自主开展不同类型的水权交易和流转试点工作。

六、加大农村培训力度，支持科技人才下乡

（一）拓宽农民就业增收渠道

大力发展农产品加工、休闲农业和乡村旅游等产业项目，推进农村产业融合发展，建立农村劳动力信息数据库和企业用工需求信息数据库。推进就业信息网络覆盖全部行政村，促进乡村劳动力与市场需求有效匹配。定期组织农村劳动力召开供需见面会、专场招聘会，促进农村劳动力实现更加充分就业。加强公共就业创业服务标准化、规范化、信息化建设，制定落实基层公共就业创业服务项目清单。创造平等竞争的就业环境，治理就业的“隐形门槛”。实施“由福利到工作”（Welfare To Work，WTW）计划。建立脱贫人口就业保障机制，贫困家庭只有在参加就业时，才能获得相应的援助金额，且援助期不得超过最长期限规定，逐步降低脱贫人口对福利项目的长期依赖性。健全统筹城乡的就业政策和服务体系，推动公共就业服务机构向乡村延伸，加强与帮扶地区政企联系，大力拓宽就业渠道，安排专项经费，开展多层次就业技能培训。

（二）促进农村劳动力转移就业

鼓励自发性劳务输出与有组织性劳务输出相结合，引导就地就近转移，促进劳动人口、资源和环境相协调。发展壮大县域经济，引导产业有序梯度转移，支持适宜产业向小城镇集聚发展，扶持发展吸纳就业能力强的乡村企业，支持企业在乡村兴办生产车间、就业基地，增加农民就地就近就业岗位。稳定农民工就业，保障工资及时足额发放。加快农业转移人口市民化，推进城镇基本公共服务常住人口全覆盖。

（三）发展职业技术教育与技能培训

加快发展面向乡村的网络教育，依托“互联网+”，同步开展网上

教研和在线教学，让下一代享受到更公平、更均衡的教育机会。加大涉农高校、涉农职业院校、涉农学科专业建设力度，深入实施新生代农民工职业技能提升计划，建设一批产教融合基地。健全统筹城乡就业政策和服务体系，推动公共就业服务机构向乡村延伸，加强与帮扶地区政企联系，大力拓宽就业渠道，安排专项经费，开展多层次就业技能培训。加大农民教育培训力度，提高农民科技文化素质。继续深入实施“雨露计划”，加大脱贫县的职业教育补助力度。实行强化涉农高校、涉农职业院校、农科院帮扶责任和体制机制，继续选派专家团队、科研人员挂职到乡镇参加专项帮扶工作。

（四）实行“科技人才下乡计划”

推动创新技术、科研成果、高端人才等资源向农业农村集中。实施“百团千人科技下乡”工程，充分发挥科研院校人才对实施乡村振兴战略的支撑引领作用，全面推进科研人员深入农村一线开展创新创业服务活动。与科学院、农科院等专业技术团队建立合作对接关系，引进研究所等科研人员挂职到乡镇参加专项工作，聚焦“一村一品”布局和农业先进适用技术，围绕特色优势产业开展科技帮扶项目。

七、保护生态本底环境，提升公共服务水平

（一）强化生态资源保护

良好的生态环境是最公平的公共产品，是最普惠的民生福祉，是乡村发展的宝贵财富和最大优势。要以创建国家生态文明建设示范市/县/区为抓手，推动建设生产、生活、生态和谐共生的美丽乡村，进一步增强生态文明建设的思想自觉和行动自觉。强化生态保护红线刚性约束，坚决把环境保护、安全生产和产业政策的门槛立起来，严守生态保护红线、环境质量底线、资源利用上线，制定生态环境准入清单，把好绿色

关口。探索生态环境损害责任终身追究制度和损害赔偿制度，开展以绿色 GDP 为导向的政绩考核。

（二）加强乡村公共基础设施建设

实施农村道路畅通工程。有序实施较大人口规模自然村（组）通硬化路工程。加强农村资源路、产业路、旅游路和村内主干道建设。推进农村公路建设项目更多向进村入户倾斜。继续开展“四好农村路”示范创建。全面实施“路长制”。开展城乡交通一体化示范创建工作。加强农村道路桥梁安全隐患排查，落实管养主体责任。强化农村道路交通安全监管。实施农村供水保障工程。加强中小型水库等稳定水源工程建设和水源保护，实施规模化供水工程建设与小型工程标准化改造，有条件的地区推进城乡供水一体化。

乡村公共基础设施提升方式如图 8-4 所示。

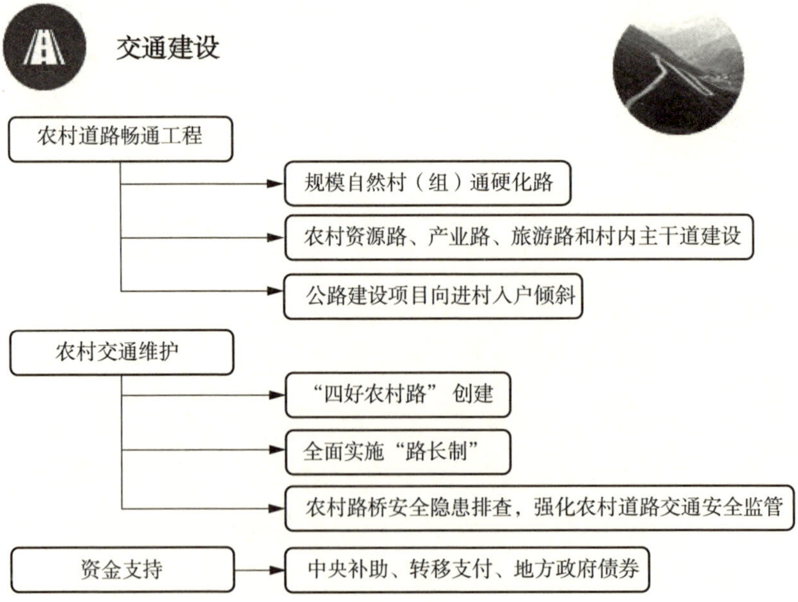

图 8-4　乡村公共基础设施提升方式

（三）着力整治农村生产环境突出问题

充分考虑资源环境承载力，深入开展绿色生态农业行动，有效保护、科学利用自然资源，转变农业生产方式，努力形成可持续的农业发展新格局。推进农业投入品减量增效，建立健全投入品追溯体系。实施化肥农药零增长行动。

专栏 14　农村生产环境治理行动

一、农业资源保护行动

做好永久基本农田划定和设施农用地管理。推进建设占用耕地耕作层土壤剥离再利用，开展建设占用耕地耕作层剥离试点。加强水生生物资源保护，防治外来生物入侵。

二、农业节水工程

加快推进高效节水灌溉发展，对水土流失严重、季节性缺水等地区发展高效节水灌溉工程。

三、休耕试点工程

积极稳妥推行耕地休养生息，做好耕地超承载能力退出工作，开展种养结合循环农业试点，把超过农业资源环境承载能力的耕地切实退出来，实施轮作休耕试点。

四、农业清洁生产工程

实施化肥农药零增长行动和高剧毒农药替代计划，鼓励使用有机肥、生物肥料和绿肥，推广高效、低毒、低残留农药，主要农作物化肥、农药使用量实现零增长。实施农业清洁生产试点，推进田园综合体建设，推广农、林、牧、渔融合循环发展模式，修复完善生态廊道，恢复田间生物群落和生态链。

五、农业废弃物资源化利用工程

实施以秸秆还田肥料化、秸秆加工饲料化、秸秆食用菌基料化为重点的秸秆农用工程。开展农膜回收行动。加快病死畜禽无害化处理体系建设，确保每个畜禽生产县（市、区）至少建成1个无害化集中处理场。

六、生态循环农业建设工程

推动整县（市、区）开展畜牧业绿色发展示范县创建，加快畜禽养殖粪污资源化利用整县推进试点示范，继续推进区域生态循环农业模式及区域生态循环农业示范等项目，推动落实沼气发电上网政策，打通沼气沼渣、有机肥还田利用通道，促进生态循环农业发展。

七、农业环境突出问题治理工程

开展土壤污染防治行动计划，完成农用土壤污染状况详查，推进耕地重金属污染治理，加强重点地区重金属污染治理，进一步提高耕地土壤环境质量。开展农业面源污染防治攻坚行动，实施源头控制、过程拦截、末端治理与循环利用相结合的方法，维护农业生态环境。

（四）提升农村人居环境

分类有序地推进农村“厕所革命”，加快研发干旱、寒冷地区卫生厕所适用技术和产品，加强中、西部地区农村户用厕所改造。统筹农村改厕和污水、黑臭水体治理，因地制宜建设污水处理设施。健全农村生活垃圾收运处置体系，推进源头分类减量、资源化处理利用，建设一批有机废弃物综合处置利用设施。健全农村人居环境设施管护机制。有条件的地区推广城乡环卫一体化第三方治理。深入推进村庄清洁和绿化行动，开展美丽宜居村庄和美丽庭院示范创建活动。鼓励各地以精品村、特色村为抓手，深化实施“一村一风貌”“微改造”等乡村风貌提升工程，融入区域特色建筑元素，积极参与国家、省、市美丽乡村评比，将评比结果纳入县政府和镇政府绩效考核指标体系，强化建设主体的责任意识。

专栏 15　人居环境整治行动

一、农村垃圾综合治理工程

扎实开展农村生活垃圾专项治理，加快建立农村生活垃圾处理体系，开展农村生活垃圾分类收集处理试点，探索建立农村生活垃圾分类收集处理运行机制，配套完善垃圾分类收集、分类转运、分类处理设施设备，逐步实现所有乡镇县域农村生活垃圾分类收集处理和资源化综合利用工作全覆盖。

二、“厕所革命”乡村延伸行动

大力推进乡村“厕所革命”，加快推进户用厕所建设和改造，推进厕所粪污与禽畜养殖废弃物无害化处理和资源化利用，实现农村无害化卫生厕所普及率达 90%以上和乡村旅游点无害化卫生厕所基本全覆盖。

三、乡村污水处理工程

推进城镇污水管网向有条件的城镇近郊村庄延伸，人口集中居住区建设分布式污水处理设施，人口较少地区主要采取三格式化粪池、人工湿地-氧化塘等生物净化措施。

四、农村水环境整治工程

以乡镇为实施主体，以流域为单元，大力推进农村山、水、林、田、湖，以及库、塘、陂、沟、渠、河整治，活化水源，连通水体，恢复水生态，努力打造水清、流畅的水环境。持续推进水生态文明村创建。

五、村容村貌提升行动

加快完善村组“七改三网”，补齐建设短板。推进村庄环境治理，大力提升村庄建筑风貌，加强村庄人居环境长效管护，努力实现村庄洁化、亮化、美化。

六、乡村森林公园建设工程

全面推进乡村森林公园建设，全力打造小而特、小而精、小而美的乡村森林公园，促进乡村生活环境大改善，大力开展省级乡村风景林示范点建设，开展森林特色小镇建设，实施村庄绿化工程，严格保护乡村古树名木，重点推进乡村路边、水边、房边绿化美化。加快庭院林业建设。

（五）加大农村教育投入和建设

持续加大农村教育投入，逐年提高农村基础教育生均教育经费。多渠道增加农村普惠性学前教育资源供给，继续改善乡镇寄宿制学校办学条件，保留并办好必要的乡村小规模学校。实施“一村一园”计划，确保每个乡镇有1~2所公办中心幼儿园。严格规范农村义务教育学校撤并调整程序和行为，扩大乡村寄宿制学校建设覆盖面，解决撤并上学路途遥远问题。在脱贫县县城和中心乡镇通过新建、改扩建一批高中和中等职业学校，加快普及农村高中阶段教育。完善农村特殊教育保障机制，脱贫的乡镇至少建设1所特殊学校，探索建立寄宿制特殊学校，保障定期向乡镇特殊儿童的送教上门服务。加快脱贫县学校教育信息化建设，开展网上教研和在线教学，满足其与城市学校实现远程教学帮扶的基本需求。

（六）推进健康乡村建设

加大村卫生室标准化建设和提升村卫生健康管理水平，推动乡村医生向执业（助理）医师转变，采取市县卫生从业者下乡派驻、巡诊等方式提高基层卫生服务水平。提升乡镇卫生院医疗服务能力，选建一批中心卫生院。持续提升县级疾控机构建设，加强县村疾控联动管理，提升乡镇疾控网络应对重大疫情及突发公共卫生事件能力。加强县域紧密型医共体建设，实行医保总额预算管理。加强妇幼、老年人、残疾人等重点人群健康服务。完善统一的城乡居民基本医疗保险制度，合理提高政府补助标准和个人缴费标准，健全重大疾病医疗保险与救助制度。

（七）完善养老保险及保障机制

推进城乡低保制度统筹发展，逐步缩小地区城乡低保标准差距。逐步提高特困人员供养服务质量。加强对农村留守儿童和妇女、老年人以及困境儿童的关爱服务。健全县、乡、村衔接的三级养老服务网络，推动村级幸福院、日间照料中心等养老服务设施建设，发展农村普惠性养老服务和互助性养老。建成以失能、半失能特困人员专业照护为主的县级特困供养机构，完成乡镇敬老院改造提升。

八、激励区域中心城市，创新辐射带动机制

（一）创新区域合作体制机制

支持区域中心城市与欠发达地区合作共建“异地产业园”，产业园采用 GDP、税收分成机制。“后脱贫时代”，要解决欠发达地区的“造血”机制和可持续发展问题，合作共建“异地产业园”是最有效的途径。以产业园区作为两地合作的载体平台，有序推进产业转移在园区集中布局，实现产业协作、产业配套。产业园增量部分中心城市与帮扶地区明确 GDP、税收分成比例，在省、市 GDP 核算中予以统计。

（二）完善区域中心城市考核机制

完善城市辐射带动力的考核指标，将帮扶城市共建产业园 GDP 增量计入中心城市的评价内容之一。为进一步鼓励中心城市产业外溢发展，探索完善中心城市 GDP 的考核机制，加入城市辐射带动力的考核指标，考虑将产业承接地（产业园区）GDP 的增量计入中心城市的评价内容之一。中央对辐射带动 GDP 给予中心城市建设用地指标支持。

（三）融入都市圈实现互联互通

由于乡村消费有限，一般缺乏内部规模经济，通过都市圈互联互通乡村与城市的市场、基础设施和公共服务，通过节约成本、提升产量、扩大规模、完善链条等方式提升农村土地的附加值，有效分享城市生产链、供应链和价值链，把城市与乡村的生产、生活逐步融合。打造高效的交通系统，畅通物流、人流、信息流和资金流，充分分享利用城镇外部经济性，逐步建立都市圈周边生产生活的统一市场。

（四）建立区域合作 GEP 考核机制

在 GDP 考核机制基础上，探索制定城市生态系统生产总值

（GEP）核算指标体系与考核方案，量化评估各县（市、区）自然生态系统和人居环境生态系统要素价值。探索将 GEP 纳入区域合作政绩考核体系和生态文明建设考核目标体系，探索推进干部挂职离任 GEP 审计制度。

乡村振兴案例篇

第九章　国内乡村振兴案例

一、旅游样板

（一）浙江省温州市曹村镇

1. 案例简介

浙江省温州市曹村镇文化底蕴深厚，环境优美，历史上曾出过 82 名进士，俗称“中华进士第一村”。曹村镇曾经因为处在天井垟流域而饱受涝灾和污染之苦。现在，经过河道治理后的曹村镇成了名副其实的“瓯越粮仓”。曹村镇还利用高科技赋能农业，建立农业大数据科技园，推出优种粮食作物生产。此外，曹村镇善用其历史资源，全力培育文化旅游产业，形成了全域观景化的“曹村模式”。

2. 区位条件

曹村镇隶属于浙江省温州市瑞安市，地处瑞安市中南部，在 104 国道线与 56 省道线的交会点南侧，距温州机场仅 48 千米，交通便利。曹村镇东接瑞安市区，北处飞云江畔，是抗日战争时期的革命老区。曹村镇地理位置得天独厚，三面环山，山清水秀，资源丰富，环境优美，水陆交通便捷，被称为“浙南县通衢”。村中植被丰富，森林覆盖率达到 45. 6%，生态资源优势明显。村中人文及历史景观资源同样极为丰富，有各种儒学讲堂、古路马槽、历史建筑，更是有始建于南宋绍兴年间的泰安街太平桥。得天独厚的区位资源使曹村镇发展为多产业齐头并进的综合体。

3. 发展定位

曹村镇的发展定位十分清晰，即“瓯越粮仓、东南儒乡”。曹村镇充分发挥其优势区位资源，在农业上，巩固其粮仓地位，利用农业科技及其他高科技手段实现科学增产增收；在文化产业上，利用村中历史自然资源发展包括历史遗迹观光旅游、儒学文化旅游、农业观光旅游的多式旅游业，实现经济的多路并进式发展。

4. 发展路径

曹村镇近代农业的兴起是从天井垟的成功治理开始的。天井垟流域面积为111.8平方千米，平原面积为44.4平方千米，其中农田共有4万多亩，是著名的产粮区。但因其地处低洼地带，晴易旱，雨易涝，是浙江省内有名的涝区。据统计，天井垟最大年降水量为3005.4毫米，是临近的瑞安市平均量的近2倍。20世纪90年代，由于农作方式的改变、大量化肥的使用和沿岸违章作坊增多，天井垟河道水体污染日益严重，河床不断升高，河宽锐减，变成了人人掩鼻而过的污水河。河床升高使天井垟河道的灌溉、抗旱、抗洪、排涝能力均大幅度减弱。从2011年开始，经过4年的持续治理，沿岸拆违，河道清淤、拓宽、加深之后，天井垟河道基本疏浚，两岸村镇基本不再受旱涝侵扰，得以大力发展农业。天井垟流域成功实现了“涝区”向“粮区”的华丽蜕变，跻身成为浙江省粮食生产功能区十大示范区之一，粮食年产量达3万吨，成为名副其实的“万吨粮仓”。

曹村镇在推进“五水共治”的同时，还结合了美丽乡村建设，因地制宜，引水为池，栽种莲花，绿植护岸，将一方“煤泥地”变身一片“荷塘景”。环境改造不仅装点了乡村，而且成了农业面源污染的“净化器”。

河水变清了、田地变肥了、环境变美了，“青山绿水”带来的“美丽”红利也开始源源不断地增加。曹村镇文化底蕴深厚，有“中华进士第一村”的美称。为此，曹村镇深挖文化基因，以美丽河道为轴，串联起曹村的进士文化、许岙村的武术文化，以及整个流域的农耕文化。同时，曹村镇依托省级“美丽河湖”工程建设水上活动基地，围绕美丽绿道开发骑行旅游线，以美丽田园生态景色打造滑翔伞基地。一条以“青山绿水”为纽带的“美丽经济带”全速形成，每年可提供 4 万人次研学实践，形成了 1.5 亿元的产业链。2019 年，曹村全年旅游人次超过百万。

此外，曹村镇还依托良好的生态基底，成功引入全国知名智慧稻田共享平台“艾米会”，打造 1 万亩智能农业大数据科技园，推出生态胚芽大米，带动 14 个村 5000 个农户增收，目前该项目已被列入浙江省重大产业项目。曹村镇通过为学生量身定制的“校外课堂”，接待了一大波研学客流。

5. 经验总结

（1）村企抱团成立文旅公司

在管理和运营模式上，瑞安中青旅与曹村镇 14 个村股份经济合作社签订合作旅游开发项目协议，双方联合成立瑞安市乡悦文化旅游发展有限公司（以下简称“乡悦文旅公司”），共同发展曹村镇旅游业，主打研学旅行。研学旅行是新颖的旅游产业，是“旅游+教育+文化”的完美结合，研学旅游产生的经济效益反哺当地景观建设，不仅有利于壮大村集体经济，还能解决就业，促进农民增收。

将曹村镇研学基地打造成瑞安旅游的一张名片，一直以来都是乡悦文旅公司的目标。该公司已在研学基地项目一、二期投资 3 亿元，并计划做好基础设施提升和规范化运营工作，将当地研学旅行基地打造成国家级研学旅行基地，以此带动高楼、陶山、湖岭等周边乡镇发展，形成完整的产业链，促进整个瑞安市研学旅游市场发展。

（2）借助文博会宣传本村文化品牌

曹村镇把“美丽田园+文化+体验”作为研学旅游的特色项目，大力开发中小学生研学旅行基地，为千年儒乡、诗画曹村注入新的活力。曹村镇利用温州文博会这一契机，将曹村镇研学基地以及全域旅游建设平台和资源优势进行了充分展示，有利于吸引人才返乡就业创业，促进产业振兴。

（3）坚持“绿水青山就是金山银山”的理念

曹村镇的成功是从治河、治环境开始的。文化底蕴需要绿水青山的衬托才能转化为实实在在的旅游红利。村镇相较于城市，其特征区位优势往往就是自然环境和绿水青山。因此，对于有条件发展旅游业的乡村，切忌盲目追求短期经济效益而放弃优势区位环境优势，而应该利用环境条件，保持与城市的比较优势，从而吸引游客前往，带动当地经济。

（二）安徽省黄山市宏村镇

1. 案例简介

宏村镇地处黄山脚下，是一座有着大量明清时期历史建筑的古村落，其因具有古建筑及自然景观资源而闻名。2000 年，包括宏村在内的皖南古村落在第 24 届世界遗产委员会上被列为世界文化遗产。2001 年，宏村古建筑群被中华人民共和国国务院公布为第五批全国重点文物保护单位之一。2003 年，宏村被授予“中国历史文化名村”称号。宏村还被《米其林旅游指南》评为“三星级旅游推荐”（最高级别）。宏村古村落建筑群的整体布局及村内水系的实用性规划十分值得其他乡村借鉴学习。

2. 区位条件

宏村位于安徽省南部的黟县县城东北 11 千米处，现为宏村镇的驻地。整个村落坐北朝南，背靠黄山的余脉雷岗山，西面有邕溪河和羊栈河流淌而过，全村面积约 28 万平方米。

宏村特有的人文自然区位禀赋，主要包括以下两个方面。

（1）徽派古民居

宏村村落建于南宋绍兴年间，现保存明清民居 140 余幢，著名的景点有：南湖春晓、书院诵读、月沼风荷、牛场水圳、双溪映碧、亭前古树、雷岗夕照等。湖光山色与层楼叠院和谐共处，自然景观与人文内涵交相辉映，四周山色与粉墙黛瓦倒映湖中。

宏村的建筑主要是住宅和私家园林，也有书院和祠堂等公共设施，建筑组群比较完整。各类建筑都注重雕饰，木雕、砖雕和石雕等细腻精美，具有极高的艺术价值。

（2）地理优势与规划布局

宏村处于著名风景区黄山“1 小时交通圈”范围，距离黄山风景区仅 30 余千米，可分享黄山的客流及基础设施资源。宏村以其湖光山色与层楼叠院和谐共处、自然景观与人文内涵交相辉映的独特景观被评为世界文化遗产。宏村一面枕山，三面环水，青山、绿水、古民居交相辉映，相得益彰。位于村南的南湖是宏村的主要水系之一，南湖建于明万历丁未年，占地约百亩。南湖水清如镜，湖边的民居和远处的青山倒映在水中形成独特的景观。位于村中央的月沼是宏村另一重要水系，其建于明永乐年间比南湖早 200 年。宏村整体布局采用牛形村落进行规划与开发，蕴含了中国古代“天人合一”的传统智慧。

3. 发展定位

宏村以旅游业为主，难能可贵的是，该村还是一座活态村落，即仍有当地人居住在内，建筑文物保持完好。当地人真正做到了人与遗迹共生的和谐发展，旅游业也给当地人带来了源源不断的收入。

4. 发展路径

宏村是全国首个由企业主导运营的世界文化遗产。

1982 年，清华同济建筑系的学生发现了宏村完整精美的古民居，引起政府关注。1986 年，宏村旅游开发正式起步。最初的 12 年，宏村一直处于西递村旅游业发展的阴影之下，游客接待量和门票收入低，且增长缓慢。

在多年开发未见成效的情况下，1997 年 8 月，黟县政府组成招商组，参加了安徽省 1997 年度北京招商会，与北京中坤科工贸集团（以下简称“中坤集团”）就开发黟县旅游资源达成了初步合作意向。1997 年 9 月，黟县政府与中坤集团签订了为期 30 年总投资 2518 万元的租赁经营合作协议书——《黄山市黟县旅游区古民居、旅游项目合作协议书》，并根据该协议成立了由黟县旅游局、文物局参与的黄山京黟旅游开发总公司，负责开发管理由宏村、南屏、关麓三个古民居村落组成的皖南古民居村落群体。

中坤集团以现金方式逐步投入黟县，开发经营关麓、南屏、宏村、黟县民间古祠堂群，租赁经营并改造碧阳山庄，接管经营黟县旅行社业务。黟县以古民居旅游资源和古祠堂群建设项目土地使用权为投入，形成股份合作经营态势。宏村发展模式示意如图 9-1 所示。

5. 经验总结

（1）宏村镇发展战略

以往乡村旅游规划者的思考落脚点经常会落在“运营活动”层面，如功能分区、物业组合、资源再造、价格实现等，确保局部利润最大化，但忽视了定位的独特性、第一性。形成可持续竞争优势的一个原则是根据战略定制运营活动。宏村紧紧抓住了徽派古建筑旅游这一最大特征定位，一切运营活动均为之服务。

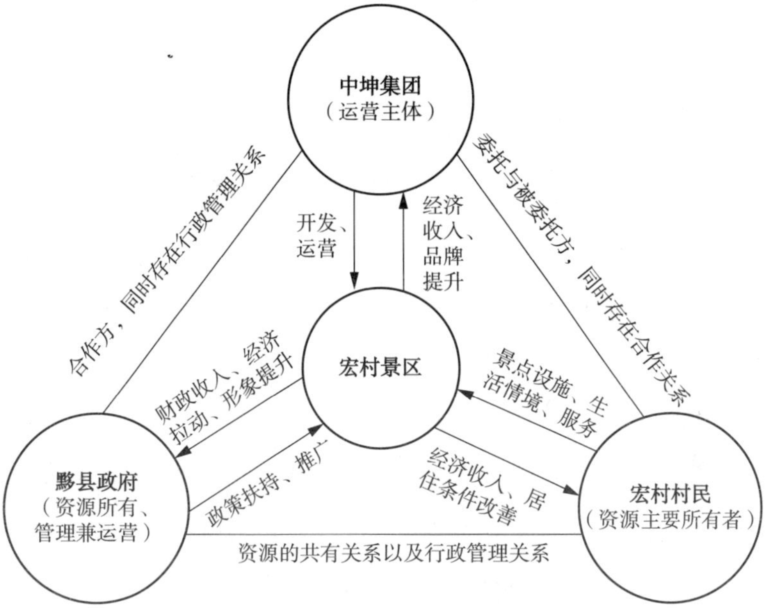

图 9-1　宏村发展模式示意

（2）开发区域选择

如果当地已有成熟的、声名远播的标志性旅游项目，而拟建项目在先天条件上又弱于原有项目，限于旅游地产项目的独特性、第一性，则拟建项目很难具有可持续性。原生态的、开发强度较低的，但具有一定自然人文资源禀赋的地区是进行旅游地产开发的首选地。宏村完美符合这个规律：从明清时期传到现代的古建筑群，本身就是方圆数里最亮眼的文化遗产，发展旅游地产项目十分合适。

（3）旅游产品定位

与住宅地产产品不同，旅游地产很难通过产品本身品质提升实现成功占位，因此必须重新建立项目价值体系。从宏村的案例可以看出，故事性是旅游地产项目能否持续发展的关键点。所以，旅游项目要具备一些“故事性元素”，故事的精彩程度比产品品质更重要。故事的设计一方面要以传承的态度重构当地的人文、景观，而不是完全的再造；另一方面在前一原则下创造新的品类，在这一品类中建立第一性。

二、康养样板

成都多利桃花源——“康养+农业”的乡村实践

1. 案例简介

在中国西南地区，有一个经典的农业项目，即成都多利桃花源，其一直是业界争相学习的对象。

多利桃花源位于成都徐堰河畔，距离市中心约 30 千米，项目初期规划面积 2700 亩，总占地面积逾万亩。根据规划，项目按照庭、院、园、田的四级空间体系设计，空间感上以农田为基础，以农业、旅游、社区和颐养为主要功能布局，小镇整体被农田包围，融于树木与园林之间，充分凸显了川西林盘结构的原生态和点状散落式的村落形态布局。

2. 发展状况

多利桃花源“一核、五园、八片区”的小镇格局，将田园、林木、院落和水系有效融合，营造出了一种有机生态的居住环境，是一座基于农业旅游的以“有机生活+田园+小镇+文化”相互交融为特色的小镇。“一核”为小镇中心，“五园”包括运动公园、四季公园、示范农园、农博公园和休闲公园。小镇中心的功能主要包括业主餐厅、幼儿园、颐乐学院、运动中心、健康中心以及民宿和商业街等。

3. 经验总结

多利桃花源提供四种服务系统：健康医疗服务系统、文化教育服务系统、农业生产服务系统和居家生活服务系统。

（1）健康医疗服务系统

多利桃花源为每一名入住者建立完备的家庭健康档案，并定期提供健康检查和健康促进计划，以满足各年龄段业主的健康护理需求。尤其值得一提的是，绿城在乌镇雅园等项目中实践过的老年颐养生活体系将以升华之势深入成都。

（2）文化教育服务系统

多利桃花源通过“自然课堂”“4 点半学校”“动物牧场”“颐乐学院”等平台为全年龄段小镇居民提供各类文化、亲子娱乐、养生休闲服务。针对小镇里 0～16 岁的孩子，多利桃花源提供从幼儿到初中的教育。60 岁以上的老年人，也可以在小镇里老有所学，颐养天年。

（3）农业生产服务系统

在多利桃花源，庭院和田园将成为每个家庭的标准配置，极大地满足目标客群诗意栖居的田园情节。

（4）居家生活服务系统

多利桃花源依托多利农庄的有机农业技术与标准，提供居家农艺服务，搭建农夫市集、农业硅谷、有机农业科普等活动，为小镇居民提供专业的农业顾问服务。同时，以小镇、业主餐厅、慢生活街区等配套为每一位小镇居民提供周到的居家生活服务。

精致适用的中式建筑、可以自种的农田、完善的生活体系、完整的物业服务体系、优质的健康教育机构、颐养医养的健康理念，加上多利农庄的有机农业科技、规范的蔬菜生产流程、高标准质量管理体系，使该项目达到强强联合、“1+1>2”的效果，并迅速成为全国农业与康养结合的优秀典范，被业界所推崇。

三、生态样板

（一）山东临沂尹家峪田园综合体——乡村振兴齐鲁样板

1. 案例简介

素有“林果之乡”“蜜桃之乡”“长寿之乡”称号的沂水县泉庄镇，

建起了山东临沂尹家峪田园综合体。该综合体由临沂城发集团投资建设，是省级田园综合体。2020年，尹家峪田园综合体通过扶贫基金交付了2568万元，实现了19万户32万人脱贫。尹家峪是首批山东省级田园综合体建设试点项目，规划面积达38平方千米，投资20亿元，每年可接待游客200万人次。

该项目以AAAA级景区天上王城和东汉崮为依托，以项目地农田、山体、水系等资源为基础，以生态休闲度假为主题，通过连接天上王城、东汉崮的特色交通打造、七彩药花谷生态主题的环境营造等方式，将项目地打造成一个集农旅生产、农业生态观光、农业休闲度假、特色购物、休闲游乐等功能于一体的特色鲜明、宜居宜业宜游、惠及各方的农旅景区依托型田园综合体。

2. 发展状况

尹家峪综合体的空间规划为“一心、一廊、三带、九区”。“一心”即入口服务中心，“三带”为入口服务带、花田风光产业带、崮上连廊旅游带，“九区”为桃花潭水入口服务区、桃花溪谷核心区、科技农业种植区、林果农业种植区、崮上桃园种植区、创意农业种植区、七彩崮园观光区、东汉崮景区、天上王城景区。核心场馆五朵桃花造型综合体已落地，分别为快乐芒果、航空航天主题、鱼菜共生、台湾风情、橘子布美学等高品质体验馆，并打造雲水间精品民宿和雲悦服务中心。尹家峪田园综合体依托沂蒙山水，践行未来田园样板，是齐鲁大地最具影响力的农旅融合、景田一体、产村联动的田园综合体。

在5万多亩的土地上，尹家峪田园综合体坚持生产、生活、生态“三生同步”，“三产融合”，农业、文化、旅游“三位一体”的发展理念，坚持让农民充分参与和受益，坚持用实际行动践行“绿水青山就是金山银山”的理念。

3. 经验总结

“崮乡田园美，沂蒙花盛开。”尹家峪可以说是齐鲁大地乡村振兴的未来样板。尹家峪的发展理念是创造更舒适的人居生活空间，做人们向往的田园生活的预演。在国人田园生活理想与现代科技大发展背景下，“未来田园”尹家峪是更超前的田园综合体：有更优质、健康、高效的农产；未来感的游憩理念和设施，让游客得到更好的休憩；当地居民生活品质、收入、幸福感全面提升；“三产融合”更顺畅、城乡一体更紧密。尹家峪的规划主要依托山水林田的优势，积极践行乡村振兴战略，将尹家峪田园综合体打造成长三角地区的农产品供应基地、休闲旅游“后花园”和产业转移“大后方”。

（二）都江堰国家农业公园——四川乡村振兴样板

1. 案例简介

占地 11512 亩的都江堰国家农业公园，依托崇义镇成都近郊的区位优势、都江堰精华灌区的优质水源、川西林盘的农业乡村资源，通过水系廊道贯通、农田产业连片、林盘提升再造、农旅景田融合的开发战略，构建“互联网+农业”产业平台。

2. 发展状况

都江堰国家农业公园以国家级乡村振兴示范区为发展方向，高标准规划设计园区的空间结构、功能布局和产业分区，旨在打造一个涵盖园林乡村景观、生态郊野田园、特色农耕民俗等集休闲体验、康养度假、户外运动和教育培训于一体的国家公园样板。

都江堰国家农业公园依托优势产业资源，整合品牌农业 IP，实现金融赋能。其重点培育都市休闲农业、绿色健康订单农业，是居游共享型的国家农业公园、国家级田园综合体、国家级农业互联网小镇、国际乡村旅居度假区。都江堰国家农业公园成为引领四川、示范全国的乡村振兴改革样板。

3. 经验总结

农业公园是广义概念，是城镇与乡村的有机融合。其中，最应该关注的有三大方面：一是美丽城镇和美丽乡村的关系；二是创建城市文化“会客厅”，提升城市公园建设品质；三是创新乡村振兴的产业模式，“增量”的同时，应进一步加大“提质”的力度。

四、产业样板

（一）南宁市华尔街工谷产业园

1. 背景介绍

广西背靠大西南，面向东南亚，拥有国家一类口岸、国家二类口岸和自治区级边民互市点，是国家推进“渝桂新”南向通道建设的重要节点城市和“开放发展新门户”。在国家“一带一路”倡议和广西“三大定位”发展战略背景下，广西地方政府全面贯彻落实中央、自治区沿边开发开放决策部署，与东盟国家在农业、教育、科技、劳务、体育、旅游等领域开展合作，“百色一号”专列成功对接中欧班列，开通中越跨境集装箱直通班列，成为融入中新互联互通国际贸易物流通道。

目前，深圳对口广西推动成立系列脱贫攻坚项目，积极搭建产销对接平台。支持对口地区参加绿博会、餐博会等展销活动，协调建设深圳市消费扶贫中心、福田区对口帮扶地区农特产品展销中心等一批商贸流通网点。创新政策引导，推动对口地区特色产品打入深圳乃至珠三角市场，广西注重打好“政策牌”，为特色农产品供深运输、人工费用提供全额补贴，为百色、河池等特色扶贫产品展区提供场地租金全额补贴，助推消费扶贫落到实处。

2. 园区简介

华尔街工谷产业园在各级政府的大力支持和鼓励下，经过 3 年时间沉淀，以全生命周期的服务体系、五大公共服务平台，带动创业者创业，助力企业发展。该园区吸引了200多家中小微企业入园，其中有90多家科技型中小微企业。2015 年，华尔街工谷产业园获广西壮族自治区科技企业孵化器认定；2017 年 12 月，获国家级科技企业孵化器认定，初步成了科技企业、科技人才新会集地。

3. 园区配套

华尔街工谷产业园区秉承以人为本的理念，为入园企业提供完善的生活和商务配套。目前，园区配套有：创客厅、会议室、洽谈中心、商超、园区餐厅、职工之家，并设有停车场、安保监控系统等公共配套服务设施，非常适合企业办公使用。

4. 园区服务体系

政务服务体系——园区在政府支持下成立了企业服务中心，为入园企业提供工商、税务、科技项目申报，优惠政策申请等“一站式”服务。

创新合作体系——园区与东莞松山湖国际金融创新产业园签署战略合作，共享跨区域城市产业资源，构建“园外孵化，园内加速”的创新驱动“互联网+”，意在为西塘乡的科技企业提供更多技术、项目、金融及信息支持，加速企业的发展。

投融资服务体系——园区依托梦工谷金控平台、南宁众创金融服务体系，构建众筹服务多渠道，为科技企业提供“融众资、促发展”服务。投融资服务机构有梦工谷基金、深圳前海晟世金鸿基金管理有限公司、农业银行、建设银行、中信银行、北部湾银行。

人才服务体系——园区已经形成以北京中清研信息技术研究院、蓝桥软件学院实训基地、电子商务培训基地和大学生见习基地为主体的人才服务体系，并与广西各大高校搭建桥梁，定期到高校校招。

信息服务体系——园区以智能化为发展方向，着力构建领先时代的数字化园区。中国电信、中国移动、中国联通为企业提供更快速的信息支持服务。网上办事大厅和电子商务平台的数字化网站，为园区企业提供优质的 IT 基础服务。

5. 园区定位

华尔街工谷产业园全力打造五大平台和六大创新服务体系，形成新能源、新材料、农业科技、电子信息和文化创意等七大产业集群，构建起一个企业从创立、成长到发展壮大的全生命周期生态圈，落实执行搭建从“创客咖啡—创业苗圃—孵化器—加速器”的全生命周期服务体系，助力企业实现跨越式成长。

6. 部分进驻企业

园区以服务企业为根本，目前已经聚集了以阿里巴巴农村淘宝、康宁网络、随行信息技术、微薄利、拾叁工房、阳升新能源、联凯传媒、大统科技、凯米克农业、桂文轩文化等企业为代表的近 200 家创新企业。

（二）田阳县 20 万亩农林生态扶贫产业园

1. 项目简介

田阳县 20 万亩农林生态扶贫产业园项目位于广西壮族自治区百色市田阳县，发展以芒果为主的现代农业，园区规划按“一轴、两核、四区、多点”进行空间结构布局，主要建设项目有现代农林综合展示区、芒果标准化高产示范区、有机果蔬观光体验区、珍优花卉苗木博览区和芒果及林下经济展示带等。

2. 建设情况

项目总投资约 25 亿元人民币。项目一期完成土地流转约 6500 亩；

完成梯带开挖约4500亩；完成芒果种植约3100亩；园区道路正在进行路基工程施工。示范区涵盖了一二三产业，对现代农业和林业进行多种功能的拓展，是集“产业、旅游、文化、扶贫”于一体的生态农林产业综合示范和精准扶贫新模式示范的区域，其以田阳优质芒果生产作为特色主导产业。

3. 优惠政策

项目享受国家西部大开发政策、国家沿边沿海经济开放开发政策、左右江革命老区振兴规划、广西招商引资激励暂行办法、珠江-西江经济带发展规划、广西现代特色农业示范区建设行动方案等国家和自治区层面的多重优惠政策。

4. 助力脱贫

依托芒果特色产业，农林生态核心示范区正在助力田阳县走上优质、可持续的脱贫致富路。政府的平台公司按照每个行政村10亩的标准，将1520亩果园返包给152个行政村，给每个外迁户配置1~2亩果地。政府引导全县建档立卡贫困户向银行小额借贷3万~5万元政府贴息小额扶贫贷款，以带资入股方式参与示范区利益分享，变贫困农民为“股民”，实现长期增收。政府平台主营公司在示范区内规划1万亩果园，按照每户10亩的标准，让有意向、有能力的贫困户进行返包管理，扣除承包与必要的管护成本外，其余收益归返包者所有。此外，鼓励贫困户和易地搬迁户到示范区务工，获得务工收入。

第十章　国际乡村振兴案例

一、世界各国（地区）乡村总体改造经验

（一）日本——“一村一品”化农村改造

1. 背景介绍

20 世纪 70 年代，日本处于快速工业化和城市化阶段，国家片面重视发展城市工商业，致使农村发展滞后。

为了振兴农村，实现城乡一体化目标，大分县前知事平松守彦率先在全国发起了以立足乡土、自立自主、面向未来为目的的造村运动。在日本政府的大力倡导与扶持下，各地区根据自身的实际情况，因地制宜地培育富有地方特色的农村发展模式，形成了为世人所称道和效仿的“一村一品”模式。

2. 成功之道

日本造村运动以挖掘本地资源、尊重地方特色为典型特点，通过因地制宜地利用乡村资源来发展和推动农村建设，最终实现乡村的可持续性繁荣。

第一，日本政府根据本国的地形特点、自然条件状况，培育了独具特色的农产品生产基地。譬如，水产品产业基地、香菇产业基地、牛产

业基地等。

第二，为了提升农产品的附加值，日本政府采取对农、林、牧、副、渔产品实行一次性深加工的策略。

第三，日本政府充分发挥日本综合农协的作用，在农产品的生产、加工、流通和销售环节建立产业链，促进产品的顺利交易。

第四，日本政府通过完善教育指导模式，开设各类农业培训班、建立符合农民需求的补习中心，提高农民的综合素质和农业知识。

第五，日本政府对农业生产给予大量补贴和投入，支持农村发展。造村运动振兴了日本的农村经济，促进了日本农业现代化的实现。

第六，日本农户结合日本优势文化动漫产业，打造特色农田景观，促进旅游观光等副业发展。

3. 模式总结

因地制宜型模式在具体的乡村治理实践中，非常讲究具体问题具体分析的思路，日本通过整合和开发本地传统资源，形成区域性的经济优势，从而打造富有地方特色的品牌产品。从当前农村发展的现状来看，很难找到适用于各地区的标准化乡村治理模式，因此，因地制宜型的乡村治理模式能够充分发挥本地优势，有利于提升乡村的整体效益。

（二）韩国——自主协同式新村运动

1. 背景介绍

和日本造村运动的背景相似，韩国新村运动也是在国内重点发展工业经济，壮大城市发展，城乡两极分化、农村人口大量外流、贫富差距悬殊的情形下开展的。

20 世纪 70 年代，韩国政府为了改善城乡关系、推动农村发展、增加农民收入，决定在全国实行“勤勉、自助、协同”的新村运动。

这项运动于 1970 年 4 月 22 日倡议，于 1971 年开始正式推行，于

1980 年 4 月结束。

2. 成功之道

韩国的自主协同型模式是以低成本推动农村跨越式发展的典型模式，其主要通过韩国政府努力支持与农民自主发展相配合共同推动和实现乡村治理目标。

第一，针对农村基础设施破旧的现状，韩国政府在乡村积极兴建公共道路、地下水管道、河道桥梁，以此整顿农村生活环境，提升农民生活质量。

第二，通过改变农业生产方式，推广水稻新品种，增种经济类作物，建设专业化农产品生产基地，提升村民的经济收入。“农户副业企业”计划、“新村工厂”计划以及“农村工业园区”计划都是韩国政府为了优化农业产业结构、增加农民收入的重要举措。

第三，培育和发展互助合作型的农协，通过向各类农户提供专业服务和生产指导，促进城乡实现共赢。

第四，在各个乡镇和农村建立村民会馆，用于开展各类文化活动，激发农民的参与性和积极性。

第五，韩国政府在农村开展国民精神教育活动，提高村民的文化知识，创造性地让农民自己管理和建设农村。新村运动的实施改变了韩国落后的农业国面貌，重新焕发了乡村的活力，实现了农业现代化目标。

3. 模式总结

自主协同型模式是一种“自下而上”的乡村发展方式，是在城乡差距十分大的国家或地区非常实用的乡村治理模式。一方面，政府为了维护自身的合法地位，塑造良好的政府形象，需要对农村进行整治和改造；另一方面，长期处于贫困处境的农民，也非常愿意通过自身的努力改变落后的现状、改善生活质量和增加经济收入。

（三）德国——循序渐进型村庄更新

1. 背景介绍

在德国，村庄更新是一项由国家资助的旨在改善村庄或者具有乡村结构城区的建设、交通技术和文化关系的计划。德国实行的循序渐进型模式是将乡村治理看作一项长期的社会实践工作，在此过程中，政府通过制度层面的法律法规调整，对农村改革进行规范和引导，逐渐将乡村推向发展与繁荣。

2. 发展阶段

德国的乡村治理起步于20世纪初期，村庄更新是政府改善农村社会的主要方式，历经了不同的发展阶段。

1936年，德国政府通过实施《帝国土地改革法》，开始对乡村的农地建设、生产用地以及荒废地进行合理规划。

1954年，村庄更新的概念被正式提出，在《土地整理法》中德国政府将乡村建设和农村公共基础设施完善作为村庄更新的重要任务。

1976年，德国在总结原有村庄更新经验的基础上，不仅首次将村庄更新写入修订的《土地整理法》，而且试图通过保持村庄的地方特色和独具优势来对乡村的社会环境与基础设施进行整顿完善。

20世纪90年代，村庄更新融入了更多的科学生态发展元素，乡村的文化价值、休闲价值和生态价值被提升到和经济价值同等重要的地位。

德国村庄更新的周期虽然漫长，但所发挥的价值和起到的影响都是深远的，对于乡村治理来说，这种循序渐进的发展步骤更能使农村保持活力和特色。

3. 模式总结

循序渐进型模式主要是针对经济社会的快速发展，政府需要不断调适现行的乡村治理目标、方式和手段，以求实现农村社会的整体效益，这是一个长期的发展过程。

在循序渐进型乡村治理模式下，政府通过宏观上的规划制定与综合管理，依靠制度文本和法律框架促进农村社会的有序发展。

（四）荷兰——精简集约型农地整理

1. 背景介绍

荷兰在土地与乡村资源匮乏的条件下，成功成长为世界第二大农业国，这与其采用的精简集约型农地整理模式密不可分。精简集约型模式是指在国土面积不大、乡村资源相对匮乏的国家，政府通过整合现有农村资源，充分发挥地区优势，促进农村社会的和谐发展。

荷兰的国土面积仅为 4 万多平方千米，却成为仅次于美国的世界第二大农业出口国，这样的成就和荷兰乡村实行的精简集约型农地整理模式密切相关。

2. 成功之道

荷兰的《土地整理法》与《空间规划法》在其实现土地的精简节约化利用上起到了重要作用。早在 20 世纪 50 年代，荷兰政府就颁布实行了《土地整理法》，明确了政府在乡村治理中的各项职责和乡村发展的基本策略；之后通过的《空间规划法》对乡村社会的农地整理进行了详细的规定，明确乡村的每一块土地使用都必须符合法案条文规定。

1970 年以后，荷兰政府重新审视了农地整理的目标，通过更加科学合理的规划与管理，避免和减少农地利用的碎片化现象，实现农地经营的规模化及完整性。从荷兰农地整理推行的发展方向来看，荷兰政府已经改变了过去单方面只强调农业发展的单一路径，而转向多目标体系的乡村建设。

荷兰还大力推进可持续发展的农业，提高自然环境景观的质量。荷兰政府合法合理地规划农地利用，推进乡村旅游和服务业的发展，改善了荷兰乡村生活的质量，满足了地方需求。通过农地整理，荷兰的乡村不仅环境良好、景观美丽，而且农业经济发达，农民的生活条件日益优越。

3. 模式总结

精简集约型模式是国家在农村资源相对有限的情形下，对乡村精耕细作、多重精简利用的方式。在精简集约型模式下，一方面促进了农村经济的发展，保护了乡村地区的自然生态环境；另一方面达到了村庄城市化、可持续性发展目的。

（五）瑞士——生态乡村建设

1. 背景介绍

瑞士成功通过优美的生态环境增强农村对游客的吸引力。生态环境型模式是指政府在乡村建设中，通过营造优美的环境、特色的乡村风光以及便利的交通设施来实现农村社会的增值发展，提升农村的吸引力。随着社会化和城市化的发展，瑞士的农村和农民不断减少，但是瑞士政府依旧将乡村发展作为推动国家前进的重要组成部分，努力实现乡村社会的繁荣。

瑞士政府十分重视自然环境的美化和乡村基础设施的完善。瑞士政府通过制定相关激励政策，如对农业发放资金补助、向农民提供商业贷款，帮助改善农村环境。

2. 成功之道

瑞士政府通过国家财政拨款和民间自筹资金的方式，为乡村建设学校、医院、活动场所以及修建天然气管道、增设乡村交通等基础设施，以此完善农村公共服务体系，缩小城乡之间的差距。在政府对乡村的持续性改造下，村庄变得风景优美，生机盎然，环境舒适宜人，基础设施完善，交通便利。

瑞士的乡村将农村与周边的自然环境协调起来，有着独具特色的田野风光，成了人们休闲娱乐和户外旅行的好去处。如瑞士韦廷根小镇，因临近苏黎世且有大片芥菜花田，每年芥菜花开时会吸引大量游客前往游览。

3. 模式总结

生态环境型模式是以绿色、环保理念为依托，强调将乡村社会的生态价值、文化价值、休闲价值、旅游价值以及经济价值相结合，从而改善乡村生活质量，满足地方发展需求。生态环境型模式在工业发达、城市化水平较高以及乡村建设已经达到领先地位的发达国家比较适用。

（六）法国——综合发展型农村改革

1. 背景介绍

综合发展型模式是指以满足农村现代化的需求为核心，通过农村建设的集中化、专业化以及大型化方式，推动乡村的综合发展。法国作为经济高度发达的资本主义国家，既是一个工业强国，又是一个农业富国。法国只用了 20 多年的时间就实现了农村现代化建设，主要缘于法国政府采取了适宜的发展策略，积极有效地推进农村改革。

2. 成功之道

法国农村的成功改革主要包括以下两个方面。

一是发展“一体化农业”。所谓“一体化农业”，是指在生产专业化和协调基础上，由工商业资本家与农场主通过控股或缔结合同等形式，利用现代科学技术和现代企业方式，把农业与同农业相关的工业、商业、运输、信贷等部门结合起来，组成利益共同体。

实行“一体化农业”能够将农业和其余相关部门集合起来，通过其他部门和机构提供资金与技术指导带动农业建设，实现对农业的支持和反哺。

二是开展领土整治，通过国家相关法律法规帮助和政府支持，实现农村社会资源的优化配置，以此加快乡村社会的现代化建设。

法国在进行“一体化农业”改革和开展领土整治工作中，政府都非常强调应用财政扶持、技术保障以及教育培训等方式来支持乡村建设，助推乡村社会的善治。这些措施最终都能够加快乡村地区的发展，使城市与乡村地区的发展速度、经济水平和预期目标趋于平衡。

3. 模式总结

综合发展型模式是在国家整体规划和科学指导的精神下，通过有效协同的方式，加强各部门之间的联系，很好地整合社会中各部门的优势资源，使各部门共同致力于推动乡村社会的发展。综合发展型模式非常强调完善的合作机制，以融合和互促的手段建设利益共同体，形成工农共同发展的良性经济循环。

（七）美国——城乡共生型乡村建设

1. 背景介绍

20 世纪初，美国城市人口不断增加，城市中心过度拥挤，导致许多中产阶级向城市郊区迁移，极大地推动了小城镇的发展。汽车等交通工具的普及、小城镇功能设施的齐全以及自然环境的优越，进一步助推了小城镇的成长和发展。美国小城镇的发展与政府推行的小城镇建设政策有着密不可分的关系。

2. 成功之道

城乡共生型模式以遵循城乡互惠共生为原则，通过城市带动农村、城乡一体化发展等策略来推动乡村社会的发展，最终实现工业与农业、城市与农村的双赢局面。美国是世界上城市化水平最高的国家，其在乡村治理过程中，非常推崇通过小城镇建设来实现农村社会的发展。

美国小城镇的建设成功带动了乡村发展。1960 年，美国推行的“示范城市”试验计划的实质就是通过对大城市的人口分流来推进中小城镇的发展。在小城镇的建设上，美国政府非常强调对个性化功能的打造，重视结合区位优势和地区特色，完成生活环境和休闲旅游相结合的多重目标。

美国城乡一体化已经基本形成，美国小城镇建设能够很好地带动乡村的发展。值得注意的是，支撑美国乡村城镇化的是其规模化、机械化的农业，高效的农业生产使农业人口有了更充足的自由时间和富裕的资源，城镇化很好地承接了美国农村人口的物质文化需求，刺激了当地经济的复合发展。

3. 模式总结

城乡共生型模式产生于特殊的社会人文环境，多见于经济发展程度较高的发达国家，以农村完善的公共服务体系和发达的城乡交通条件为基础，能够全面提升国家的现代化水平。在城乡共生型模式下，美国政府在追求经济目标的同时，更加重视乡村生态、文化、生活的多元化发展。

（八）加拿大——协作伙伴型乡村建设

1. 背景介绍

加拿大采用的是农村协作伙伴计划。协作伙伴型模式是指在互相交流和充分沟通的基础上，通过跨部门之间的协商合作形成战略伙伴关系，最终共同致力于乡村善治目标的实现。加拿大作为世界上最发达的国家之一，也存在着城乡之间贫富分化的情况。为了扭转这一现象，提升乡村社会的活力，加拿大政府颁布实施了《加拿大农村协作伙伴计划》，加大对农村基础设施建设、公共事务治理以及村民的就业教育问题的解决力度。

2. 成功之道

加拿大协作伙伴型乡村治理模式主要有以下五个方面的内容。

第一，通过建立跨部门的农村工作小组支持和解决乡村问题，提高工作效率，降低政府行政成本。

第二，建立农村对话机制，定期举办农村会议、交流学习、在线讨论等活动，及时掌握社情民意，为民众排忧解难。

第三，构建农村透镜机制，使各级政府部门官员站在村民的立场上，时刻牢记为人民服务的宗旨。

第四，推动和组织不同主题的农村项目，激发企业和个人到农村创业的激情。

第五，在欠发达的农村地区建立信息服务系统和电子政务网站，为村民提供信息咨询服务和专家指导建议。通过农村协作计划的实行，政府成了维护村民利益、提高农民生活水平的好伙伴，极大地推动了乡村地区的发展和社会的繁荣。

3. 模式总结

协作伙伴型模式改变了以往政府高高在上的形象，政府通过协调各部门之间的关系，与村民形成了新型的合作伙伴关系，政府积极帮助农民改善生活，促进农村现代化的快速实现。协作伙伴型乡村治理模式的主要价值在于实现城乡的统筹协调发展，通过平衡城市与农村的经济社会发展水平，提高农村社会的整体效益。

（九）新加坡——创新型都市农业

1. 背景介绍

新加坡是一个位于东南亚的城邦岛国，城中绿地多，根本看不到一片农田。新加坡90%的食品依靠进口，但其有限的农地产量产值却相当惊人。新加坡人根据土地面积少的特点，构建了城市农业发展的特殊结构。在种植业结构上，大力发展果树、蔬菜、花卉等经济作物；在产业类型上，以高产值出口型农产品为主，如种植热带兰花、饲养观赏用的热带鱼等；在粮食结构上，主要限于鱼类、蛋类的生产，蔬菜仅有5%自产，绝大部分从马来西亚、中国、印度尼西亚和澳大利亚进口。

2. 发展定位

（1）现代集约型农业科技园

现代集约型农业科技园是新加坡都市农业的重点发展模式。其以追求高科技和高产值为目标，以建设现代化的农业科技园为载体，最大限度地提高农业生产力。农业科技园的基本建设由国家投资，然后通过招标方式租给商人或公司经营。

每个科技园内都有不同性质的企业，如养鸡场、胡姬花园（出口多品种胡姬花）、鱼场（出口观赏鱼）、牛羊场、蘑菇园、豆芽农场和菜园等。这些农场应用最新、最适用的技术，以取得比常规农业系统更高的产量。

（2）创意“垂直农场”

提起新加坡现代化都市农业，不得不提其创意“垂直农场”。这一节能环保型农场的动力能源取自太阳能、风力及不可食用的植物废料，并用污水来灌溉。人们还可以在封闭的灌溉系统中循环用水以减少用水量、避免径流造成土肥流失。

（3）农业发展服务业化

城内小区和郊区建立小型的农、林、牧生产基地，既为城市提供了时鲜农产品，又取得了非常可观的观光收入。

3. 模式总结

新加坡作为一个城市国家，素有“花园城市”之美誉。在几乎没有农业的背景下发展都市农业，需注重以下几点：一是发展现代化集约型农业科技园，提高食品自给率；二是兴建科学技术公园，促进生产力发展；三是建设都市型科技观光农业，推动经济社会发展。

二、世界各国（地区）乡村实践具体案例

（一）日本神山町

1. 背景介绍

在日本，年轻人口的流失和老龄化的加剧，使得偏僻山区人口过度减少的问题日益严峻。神山町在改造前，连续10年人口净流出，经济难以为继。神山町规划者敏锐地抓住了日本近年兴起的非标准办公区——“卫星办公室”风潮，通过发展艺术项目提高神山町内宜居度，并大力发展“卫星办公室”，吸引工程师和创意工作者等年轻劳动力前来常住，人口实现正增长，被称作“神山奇迹”。

2. 区位条件

神山町的本位因素不算优越，其位置四面环山，难以发展大规模工商业，早年间被贴上“即将消亡的村落”标签。产业方面，神山町以杉木采伐与酸橘种植为主。但神山町完备的通信基础设施是其一大优势，也是促成该地转型升级的最主要优势。该地在2005年已完成覆盖率98.6%的光纤网铺设，每家每户均有CATV及宽带，网速甚至比东京快数倍。

3. 发展定位

神山町的兴起主要依靠承接东京等一线城市的高科技产业转移。由于东京等一线大城市人口过度饱和，日本启动了“乡土远程办公”计划，这种方式的好处是既实现了地方人口增长又不会抢夺地方工作机会。与此同时，企业也在寻找降低成本、分散业务风险（主要分散日本

多地震风险对业务的影响）的发展计划。政府和企业的不谋而合以及通信技术的兴起让这一切成为可能。

神山町大力兴建的“卫星办公室”，是指总部位于东京、大阪等大型城市的公司在神山町兴建的分办公室。该办公模式有两大优势。一是当地丰富的自然资源与自由的工作方式为员工提供了宽松氛围，可以大大激发员工的创造性。二是员工在享有同东京本部员工相同报酬的情况下，可以用低成本享受高品质的生活，无须担心堵车与空气污染，又可以购买新鲜的有机蔬菜，还可以浸泡有名的神山温泉。“卫星办公室”的这些特殊优势吸引了大量企业入驻神山町。

4. 发展路径

神山町住民与外来企业在改造村落上享有极大的自由。政府在神山町改造上的定位为协作者，大多数改造项目由非营利组织、村民和外来企业共同策划实施，无须政府审批。

5. 经验总结

神山町能够成为日本地域发展的一个典型例子，除了当地政府的远见、“自下而上”的沟通机制、地方非营利组织与政府之间的合作以外，真正解决问题的是符合地方需求的政策和计划。

当地政府在神山町兴建了带宽最快的网络系统，提供科技基础设施，活用闲置空间将之改造成共享式工作室。当地非营利组织从发起“神山艺术村”计划开始，邀请世界各地的艺术家深入体验神山町的乡村生活。将人气打响后，当地政府紧接着又推出了系列活性化的计划，实现地域内的经济循环，达成自主发展的目标。

（二）日本 MOKUMOKU 农场

1. 案例简介

位于日本三重县伊贺市郊区，由养猪农户的经营联合体发展而成的

MOKUMOKU 农场，是一个以“自然、农业、猪”为主题的工作室农场。农场以家庭、学生为主要客群，强调亲近自然，现已形成集生产、加工、销售、休闲观光农业、网络购物于一体的主题农场，年产值超 50 亿日元。

2. 区位条件

MOKUMOKU 农场地处日本西部山区，与各大型城市均距离较远，地理位置较为偏僻，早年间人迹罕至，面临着人口流失的危机，20 世纪 90 年代人口一度不足 8000。当地优势为其盛产的肉猪品种——青山镇伊贺猪。这种猪肉质柔软鲜美，腥味很少，是上佳的食材和优质的肉类加工品原料。

3. 发展定位

MOKUMOKU 农场的主要产业首先为生猪养殖业和水稻种植、蘑菇种植等种植业；其次是完整的农产品加工产业，主要有火腿肠加工、精酿啤酒加工等；最后农场积极拓展外销渠道，在农场区域内引进了物流运输业和商贸业。此外，农场结合游客乡村旅游的需求，立足农业，大力发展以“自然、农业、猪”为主题，以亲子教育为出发点的农业旅游产业。

4. 发展路径

1987 年，MOKUMOKU 农场创始人木村修在伊贺市青山镇的一个山丘上搭了间木屋，创办了 MOKUMOKU 工作室，其目的是将青山镇伊贺猪养殖业发展成优质肉类加工产业，带动经济增长。但由于地处偏僻，青山镇人口稀少，工作室经营十分惨淡，甚至几次面临破产危机。1989 年，木村修尝试推出“手工制作伊贺猪香肠”，并将制作过程完全公开，在当时引起了轰动。由于整个制作过程无添加剂，且制出的香肠味道鲜美，不少城里人纷纷带着孩子前来参观或写信求购香肠，甚至还有人远道而来学习制作香肠的方法。

20 世纪 80 年代至 90 年代末期，日本国民生活水平不断提高，闲暇时间增多，日本政府开始注重大力发展乡村旅游业，意图缩短城乡之间的差距。木村修抓住历史机遇，联系了青山镇的手工啤酒作坊、牛奶加工坊、麦芽加工坊，与当地农民一起将这些作坊联合，创建供城市人观光体验之所，成立了集观光、加工、采购等多功能于一体的 MOKUMOKU 农场。

MOKUMOKU 农场的开发模式巧妙地形成了一个循环。首先，MOKUMOKU 农场与周边农户一起合作，向消费者或加工商提供新鲜蔬菜及肉类。其次，当地将销售加工产品的店铺包装成主题馆，直接让消费者品尝，MOKUMOKU 农场巧妙通过小猪训练园的方式为游客提供观赏服务。再次，学习牧场为游客提供观赏与体验服务，游客可以体验挤奶过程，也可以观赏各类牛、羊、矮脚马等动物。除了两个养殖的观光点外，农场还设置了两个手工体验馆，让游客亲手制作香肠。最后，为了延长旅客的停留时间，农场也为游客提供住宿服务。

这种多产业结合的模式有效分摊了农业生产周期长、受气候影响大、初级产品保存时间短等风险点，是一种比单独发展农业更良性、风险更低的运营模式。

MOKUMOKU 农场以“猪”为其独特 IP，园区内的标志均以可爱的卡通猪为主题，随处可见带有小猪形象的衍生产品，包括纪念品、伴手礼等。

另外，MOKUMOKU 农场园区虽然仍有生产养殖用途，但是园区内部干净整洁，异味较少，照顾到了家庭尤其是小孩的卫生需要。

MOKUMOKU 农场的发展还得益于日本的土地使用权改革。日本的家庭农场和我国现在的家庭联产承包责任制相似，日本主要在土地使用权上进行改革，放开、盘活土地经营权，调动家庭农场的生产积极性，实现家庭农场的适度规模经营。

（三）法国格拉斯小镇

1. 案例简介

因小说《香水》而闻名的法国“香水之都”——格拉斯，亦是浪漫优雅、惬意慵懒的代名词，每年吸引大量游客及香水爱好者慕名前来。这个不足 50 平方千米的小镇，每年接待旅游人数高达 200 多万人次。其香水产业每年可为当地约 5 万人口创造超过 6 亿欧元收入。

2. 区位条件

格拉斯小镇是尼斯和戛纳之间的一个山区小城，位于法国南部普罗旺斯区域内，面对地中海，背靠阿尔卑斯山，靠近阿尔卑斯省会尼斯市。由于格拉斯小镇是典型的地中海气候，温暖湿润，非常适合鲜花的生长，当地从 1614 年开始种植各种香料花卉。

3. 发展定位

香水业为格拉斯小镇最主要的产业。全世界知名的香水及化妆品品牌如香奈儿、嘉利玛等均出自此镇。除香水业外，衍生产业如花卉业、香水相关旅游业等也繁荣发展。

4. 发展路径

格拉斯小镇最初不生产香水，这里在 6 世纪时皮革产业十分兴盛，格拉斯小镇上主要生产手工皮手套，其在当时也是高附加值产品，但皮革产业对环境污染严重，因此当地人积极寻找区位优势来谋求转型。当地人充分发挥格拉斯小镇的区位优势，从 1614 年开始种植各种香料花卉。1730 年，法国第一家香精香料生产公司诞生于此。格拉斯小镇每年采集的花朵超过 700 万千克，有 50 余家香水制造工厂，200 多名调香师，已成为法国香水的重要产地和原料供应地。法国全境 80% 的香水都在这里制造。

格拉斯小镇还积极利用花卉的景观功能，发展特色旅游业。格拉斯的旅游产品如花田观光、香水制造体验等每年吸引上百万游客前来。格拉斯小镇还有大量具有历史韵味的香水主题旅游设施，如花宫娜最古老的香水加工厂、国际香水博物馆、普罗旺斯艺术历史博物馆等。除此之外，格拉斯小镇上还有丰富的节事活动，时间遍布全年。3 月的按摩节、法国芳香疗法展览；4 月的健康节、维努西亚美容沙龙；5 月的国际玫瑰展览；6 月的国家音乐节；7 月的魅力吉他节、剧院季节；8 月的茉莉节；9 月的格拉斯生态节；10 月的国际展览会；12 月的圣诞节、新年活动等。

5. 经验总结

（1）专注研发

格拉斯小镇并不满足于依靠“法国香水之都”的牌子坐享其成，而是大力发展香水研发。格拉斯小镇已成为全球高科技香水研发中心，产出法国 2/3 的天然香气配方。法国 55%的芳香工业都在格拉斯小镇，与香水产业关联公司共有 70 家，年产值达 7.3 亿欧元。

（2）布局全球

高知名度给格拉斯小镇打开了广阔的国际市场，也造就了其庞大的香水产业。格拉斯小镇的香水产业提供了直接工作岗位 3800 个、间接工作岗位 13000 个，约占格拉斯小镇总人口的 1/3；市场份额上占全球香水工业总产值的 8%，其中 70%产品出口全球，占全球香水出口量的 38%。

（3）完善的配套产业

格拉斯小镇的香水企业与当地的农庄分工明确：农庄依托农业资源培育各种鲜花，企业专注于芳香萃取技术，大力发展芳香产业。格拉斯小镇功能配套十分完善，富有人性化的建设理念除了给全世界的游客提供高享受度的旅游体验外，也为格拉斯小镇吸引了产业发展所需的人才。格拉斯小镇把产业发展与城镇建设相结合，汇聚整个产业链上、下游资源，从而形成规模经济和范围经济的协同效应，共同形成一个互补性极强的生态群落，形成产业高地。

（4）原产地形象打造

格拉斯小镇引入国际知名企业 LVMH、Dior、Chanel 等为其国际形象背书，将区域品牌与产品品牌相结合，从而形成强有力的原产地形象。

（四）美国纳帕谷

1. 案例简介

从 19 世纪中期开始，纳帕谷开展传统的葡萄种植和酿酒，但其早期一直处于不温不火的状态，加之国际葡萄酒市场长期被欧洲国家牢牢把持，小镇经济规模较小。如今，纳帕谷已成为一个以葡萄酒文化、庄园文化而闻名，包含品酒、餐饮、养生、运动、婚礼、会议、购物及各类娱乐设施的综合性乡村休闲文旅小镇集群，每年接待世界各地的游客达 500 万人次，旅游经济收益超过 6 亿美元，为当地直接创造 2 万多个工作机会。

2. 区位条件

纳帕谷位于美国加州旧金山以北 80 千米处，由 8 个小镇组成，是一块 35 长英里、宽 5 英里的狭长区域，风景优美，气候宜人。纳帕谷是美国第一个跻身世界级的葡萄酒产地。

3. 发展定位

自 19 世纪以来，纳帕谷各镇一直发展葡萄种植和葡萄酒产业。近年来，其强势产业没有改变，但开始着力发展下游产业及附属产业，包括葡萄加工、葡萄酒品尝、展会等葡萄酒经济及葡萄酒庄旅游经济。

4. 发展路径

（1）以优越的自然条件为基础，开启葡萄酒酿造之路

从1838年开垦出第一个葡萄种植园至今，纳帕谷的葡萄酒产业已有180余年的历史。纳帕谷位于丘陵地带，拥有温润的地中海气候和多样化的土壤。从19世纪中期到20世纪初，当地商人和居民充分依托这些自然优势，开垦葡萄种植园，开办酿酒厂，农业种植和酿酒加工成为这一时期纳帕谷的主导产业，形成了一定规模，但是其产业类型较为单一、发展相对粗放无序，各小镇各自为政，发展比较同质化。

（2）树立品牌意识，拓展纳帕谷葡萄酒产业

二战胜利后的经济恢复期，纳帕谷的葡萄酒产业迎来了新一轮发展机会。在这一阶段，龙头企业纷纷对酿酒工艺进行现代化改造，政府和企业对葡萄酒品质进行严格管控。虽然纳帕谷各镇这一阶段的发展依旧以种植和酿酒产业为主导，但是其开始致力于发展精致农业，注重科技的应用、品牌的保护和产品附加值的提升，后期逐渐形成了包括葡萄种植、加工、品尝、销售、游览、展会等功能的葡萄酒全产业链，成为世界顶级葡萄酒原产地的葡萄酒小镇集合，为之后旅游业的兴起和一二三产业融合打下了坚实的基础。

（3）发展全产业链，进行差异化发展

2000年以后，复合型城镇功能逐渐完善配套，第一产业的葡萄酒种植和第二产业的酿酒构成“特色产业引擎”，各类第三产业构成“旅游吸引核”，两者共同成为纳帕谷吸引人口和消费的核心部分。

为避免同质化竞争，政府根据纳帕谷8个小镇的发展情况和资源禀赋，因地制宜地进行了统一的规划和差异化定位，整体形成了“葡萄酒+”的产业体系，共同构成以体验为主的乡村休闲文旅小镇集群。

主要的“葡萄酒+”产业如下。

葡萄酒+休闲养生：红酒成为SPA的原材料，酒庄成为露天温泉的

景观，提供高端休闲享受。

葡萄酒+体育运动：以漫山遍野的葡萄园为天然背景，结合自行车谷地游与特色品酒活动。

葡萄酒+商业艺术：以红酒产品和手工艺品为吸引，荟萃艺术画廊、精品店、酒庄等业态。

纳帕谷还专门开设了从纳帕谷到圣海伦娜的“品酒列车”，穿越葡萄园和酒庄，集观光、品酒、餐饮服务于一体。为了增加淡季过夜游客数量，纳帕谷增设了葡萄园高尔夫、热气球观光、酒庄婚礼、缆车观光等特色产品服务。这些产品的共同特点是：葡萄园景观作为其重要的组成部分，却不用受葡萄种植季节限制。

此外，为了最大限度地延伸和开发葡萄酒产业，纳帕谷为世界各地的会展和商务活动搭建了平台，每年举行多场展会。除了每年 6 月初的葡萄酒拍卖会外，还有绘画展、摄影展、音乐会等，所有活动都将葡萄酒体验加入旅程中。

（4）政企合作，成立旅游业提升区

加州的葡萄酒种植区众多，彼此竞争十分激烈。为提升纳帕谷小镇集群的整体竞争力，同时减轻政府财政压力，由纳帕郡议会与游客管理局牵头，纳帕郡政府、8 个镇政府、纳帕郡商会及纳帕谷内的酒庄、旅馆、餐饮等企业共同设立了纳帕旅游业提升区。该提升区由各合作方共同成立的非营利组织纳帕郡旅游公司进行统一管理，通过 PPP 模式进行项目融资、招商引资及旅游宣传推广。旅游提升区的成立充分调动了当地丰富的社会资本，减轻了政府的财政压力，并通过政府监督和统一管理使资金针对各镇产业发展特点有的放矢，有效避免了内部恶性竞争。

5. 经验总结

（1）注重科学应用和产学研合作

纳帕谷的葡萄酒生产注重科技应用和产学研合作。农业技术全美排名第一的加州大学戴维斯分校刚好位于纳帕谷附近，众多龙头企业充分利用这一资源，与该校展开了长期合作，在葡萄种植和酿酒方面得到了前沿科学技术的助力，纳帕谷也成为该校毕业生重要的实践地点和就职场所。

（2）控制葡萄产量，保证产品质量

尽管纳帕谷葡萄酒单价颇高，但是纳帕谷酒商没有盲目扩大产能，而是有意控制葡萄产量以保证产品质量。在规定产区内，每英亩的葡萄产量不能超过 4 吨，纳帕谷 60%的酒庄年产量低于 5000 箱 60000 瓶，远低于周边葡萄酒产区。纳帕谷的葡萄酒产量仅占整个加州葡萄酒产量的 4%，产值却占了 1/3。

（3）立法保护品牌，防止品牌滥用

纳帕谷的品牌在当地企业的倡议下得到了国家立法保护。为了防止纳帕谷商标被盗用，2000 年，纳帕谷企业成功倡议美国国家立法规定，正式实施美国葡萄酒产地制度（AVA），规定凡使用纳帕谷品牌的酒，具备的基本条件是所用葡萄必须产自纳帕谷。由于品牌的保护和彰显，纳帕谷红酒价值得到极大提升。

（4）积极参加葡萄酒评鉴大会

为了打响品牌知名度，纳帕谷积极参加葡萄酒评鉴大会。1976 年，纳帕谷的赤霞珠和霞多丽击败著名的法国波尔多名庄，在巴黎葡萄酒评鉴大会“盲品”中，双双获得首奖，从此纳帕谷红酒被一致公认为全球特级葡萄酒品牌。纳帕谷也经常性地举办葡萄酒展会，吸引全世界游客及品酒爱好者前来，以提升纳帕谷葡萄酒知名度。

附件　乡村振兴调研问卷

本书稿在撰写过程中，实地调研了广东、江西、湖北、新疆等多个地区乡村振兴工作，走访了大量乡村，并发放了调研问卷，为本书的数据支撑和结论、建议提供了参考依据。对此，再次对配合问卷填报的各位工作者表示衷心的感谢。

第一部分　基本信息

1. 区（县）：________　　乡镇：________

填表人：________　　职务：________

联系电话：________［填空题］

第二部分　人口信息

2. 本乡镇共辖________个居委会、________个村委会。［填空题］

3. 以下请尽可能提供最新年份数据。［填空题］

户籍人口：至________年，全镇户籍人口共________，其中，60岁以上人口________，18岁以下人口________。

常住人口：至________年，全镇常住人口共________，其中，60岁以上人口________，18岁以下人口________。

4. 以下请尽可能提供最新年份数据。[填空题]

乡镇人口：至________年，乡镇常住人口为________。[填空题]

5. 乡镇劳动力主要从事什么工作？[单选题]

○ 第一产业：务农

○ 第二产业：周边工厂上班

○ 打零工

○ 其他________________

6. 本乡镇外出务工劳动力约________人，外出务工地点主要为________（请从下方单项选填）。[填空题]

A. 本区县内　B. 市区其他区县　C. 珠三角地区

D. 广东省内珠三角以外地区　E. 广东省外

7. 过去五年，本乡镇返乡劳动力约________人（注：从镇外返回镇内就算返乡）。[填空题]

其中，返回乡镇（而非回到农村）的比例约________%。

8. 近五年，本乡镇由村庄向乡镇转移的人口约为________。[填空题]

9. 促使本乡镇村庄人口向乡镇转移的主要因素是？（评价重要性）[矩阵量表题]

主要因素	非常不重要	较不重要	一般	较重要	非常重要
乡镇教育配套完善	○	○	○	○	○
乡镇医疗配套完善	○	○	○	○	○
乡镇就业机会多元	○	○	○	○	○
乡镇生活配套便利	○	○	○	○	○
乡镇交通联系便利	○	○	○	○	○

10. 阻碍本乡镇村庄人口向乡镇转移的主要因素是？（评价重要性）[矩阵量表题]

主要因素	非常不重要	较不重要	一般	较重要	非常重要
乡镇住房成本高	○	○	○	○	○
乡镇生活成本高	○	○	○	○	○
缺乏职业技能培训	○	○	○	○	○
缺乏良好就业机会	○	○	○	○	○
担心失去集体土地、宅基地等权益	○	○	○	○	○

第三部分　土地规划情况

11. 本乡镇规划国有建设用地约________亩，其中，已使用面积约________亩。

本乡镇的农村集体经营性建设用地约________亩，其中，已使用面积约________亩。

本乡镇农用地约________亩，其中，耕地约________亩。

至2020年底，本乡镇已流转的农用地约________亩，其中，已流转的耕地面积约________亩。[填空题]

12. 本乡镇已流转耕地的主要去向是？[排序题，请在中括号内依次填入数字]

[　] 农民专业合作社

[　] 企业

[　] 个体农户

[　] 其他主体

13. 本乡镇农村土地流转主要有哪些障碍？[排序题，请在中括号内依次填入数字]

[　] 农户不愿意出租自家农地

[　] 缺乏想租地的人和公司

[　] 流转过程不规范、纠纷多

[　] 缺乏发布土地流转信息的平台

[　] 其他障碍，请说明

第四部分 “十个一”建设情况

14. 【特色产业】

第一产业：本乡镇的主导农业产业为________，总产值________万元，总就业人数________人；主要农产品为________，是否有农产品获得相关等认证________（如有，请注明产品及其认证）。

第二产业：本乡镇的主导工业产业为________，主要产品为________，总产值________万元，总带动就业人数________人。[填空题]

15. 【医疗服务】

镇医院（含本乡镇的区县级综合医院）总床位数为________个，医护人员共________名。

全镇的社区（村）卫生服务点共________个。

全镇的居家养老服务中心共________个，工作人员总数量为________名。

本乡镇城乡基本医疗保险覆盖率为________%。[填空题]

16. 【教育服务】

全镇幼儿园共________家，其中，普惠性幼儿园（公办幼儿园和普惠性民办幼儿园）共________家。

全镇在园（班）幼儿共________人，其中，普惠性幼儿园的在园（班）幼儿共________人。

全镇中小学学生共________人，中小学教师共________人。[填空题]

17. 【文体场所】

本乡镇集中性文体场所（地）占地约________平方米（如无集中性文体场所，请填0）。[填空题]

18.【文体场所】

该集中性文体场所是否有以下设施？［多选题］

□表演舞台

□图书阅览室

□篮球场

□乒乓球台

□羽毛球场

□健身步道

□健身器材区

19.【文体场所】

请评价各类设施的总体质量（设施新旧、功能完备）情况和使用人气。［矩阵量表题］

指标	1	2	3	4	5
总体质量	○	○	○	○	○
使用人气	○	○	○	○	○

20.【农贸市场】

本乡镇是否新建或改造专门的农贸市场（政府建设，非超市内农贸区）________。

如有，该农贸市场总建筑面积为________平方米，建设（改造）年份为________年。［填空题］

21.【农贸市场】

该农贸市场是否满足如下建筑标准？［多选题］

□ 钢筋混凝土结构或砖混结构

□ 铺设防滑地砖

□ 按商品种类设置交易区

□ 每个经营户设置加盖垃圾桶

22. 【农贸市场】

请对该星级农贸市场进行打分评价。[矩阵量表题]

指标	1	2	3	4	5
卫生条件	○	○	○	○	○
使用人气	○	○	○	○	○

23. 【特色街区】

本乡镇有无特色风貌示范街________。[填空题]

如有，该街区是否完成外立面改造________，是否完成人行道改造________，是否完成路灯架设________，商铺数量约________家。

24. 【特色街区】

请对该特色商贸街进行打分评价。[矩阵量表题]

指标	1	2	3	4	5
地面卫生	○	○	○	○	○
建筑风貌	○	○	○	○	○
使用人气	○	○	○	○	○

25. 【万里碧道】

本乡镇有无碧道建设________。

如有，该碧道长度为________千米，已投资金________万元，是否完成黑臭水体治理________，是否完成河道两岸平整和路上游径建设________，是否完成景观化改造________。[填空题]

26. 【万里碧道】

请对该本乡镇碧道进行打分评价。[矩阵量表题]

指标	1	2	3	4	5
水质条件	○	○	○	○	○
整体景观	○	○	○	○	○
使用人气	○	○	○	○	○

27. 【环卫系统】

本乡镇污水处理厂实际日污水处理量为________吨，实际最大日污水处理量为________吨。

本乡镇污水管网总长度约________千米，雨污分流管网覆盖率约________%，城镇污水收集率约________%，农村污水收集率约________%。

全镇分类垃圾桶数量为________个。[填空题]

28. 【党群服务】

本乡镇党群服务中心总面积约________平方米，工作人员共________名。[填空题]

29. 【党群服务】

党群服务中心是否有以下空间？[多选题]

□ 服务大厅

□ 党群会议室

□ 综合服务室（红色书吧、红色影院、图书阅览室、舞蹈室等）

□ 党建园廊（党史展示、本地楷模介绍等）

30. 【党群服务】

该党群服务中心是否有特色党群活动？[单选题]

○ 是

○ 否

31. 【微网格】

本乡镇是否明确挂牌基层治理综合指挥中心或微网格治理服务中心，并配备专门办公室？[单选题]

○ 是

○ 否

32.【微网格】

本乡镇有大网格________个，中网格________个，小网格________个，微网格________个。

本乡镇有网格员________人，联络员________人。［填空题］

33.【微网格】

本乡镇对镇域范围内“人、地、物、组织”治理要素的摸底和登记入库完成率为________%。

全镇对应微网格的微信群共建立________个。［填空题］

第五部分 建议征求

34. 请问您对本乡镇的产业发展、人口转移、空间规划、道路交通、“十个一”建设等方面有什么宝贵建议？［填空题］

____

参考文献

［1］ IN'T VELD R J. Knowledge democracy：consequences for science，politics，and media［M］. Heidelberg：Springer-Verlag，2010.

［2］范永茂．从舶来品到实践：从某 NGO 看中国的网络治理［J］. 复旦公共行政评论，2011（1）：69-80.

［3］何煜，马步广．新农村建设模式理论研究的综述与反思［J］. 现代国企研究，2017（4）：192-194+196.

［4］胡青．乡村振兴背景下"数字农业"发展趋势与实践策略［J］. 中共杭州市委党校学报，2019（5）：69-75.

［5］胡申法．农村集体经营性建设用地入市障碍探析［J］. 中国市场，2017（2）：168-199.

［6］黄承伟．乡村振兴的时代价值［J］. 红旗文稿，2021（23）：29-32.

［7］刘保奎．长江经济带上游地区城镇化进程中的农村土地制度改革：基于 32 个国家新型城镇化综合试点的分析［J］. 中国发展观察，2020（Z5）：103-106.

［8］卢青，万喆，石明．以人才振兴推动乡村振兴发展：基于人才流动理论的研究综述［J］. 社会科学动态，2021（3）：64-70.

［9］罗世聪．农村集体工业用地租赁市场主体的行为分析：以广东

省佛山市南海区为例［D］. 武汉：华中农业大学，2018.

［10］秦良芳，翁彬，牟伟. 智慧乡村建设研究综述［J］. 社会科学动态，2021（8）：64-70.

［11］任志安. 超越知识管理：知识治理理论的概念、框架及应用［J］. 科研管理，2007，28（1）：20-26.

［12］隋明，郑刚，唐贤华，等. 乡村振兴战略背景下农村经济发展路径探析［J］. 南方农机，2019，50（11）：76.

［13］孙阿凡，杨遂全. 集体经营性建设用地入市与地方政府和村集体的博弈［J］. 华南农业大学学报（社会科学版），2016（1）：20-27.

［14］王菲. 数字化对我国农业经济发展的影响探析［J］. 南方农业，2019，13（30）：3.

［15］王刚，乡村振兴背景下数字农业发展路径研究［J］. 南方农机，2021（24）：96-98.

［16］王克忠. 农村集体土地入市的几个问题：兼论建立城乡统一的地产市场［J］. 中国土地科学，1996，10（10）：82-88.

［17］向春玲. 70 年来中国社会治理的“四大转变”［J］. 人民论坛，2019，（29）：41-43.

［18］肖唐镖. 近十年我国乡村治理的观察与反思［J］. 华中师范大学学报，2014，53（6）：1-11.

［19］徐勇，徐增阳. 中国农村和农民问题研究的百年回顾［J］. 华中师范大学学报（人文社会科学版），1999（6）：1-10.

［20］杨森，汤星雨. 乡村振兴战略背景下数字乡村发展路径探究［J］. 小城镇建设，2020，38（3）：61-65.

［21］叶敬忠. 乡村振兴战略：历史沿循、总体布局与路径省思［J］. 华南师范大学学报（社会科学版），2018（2）：64-69.

［22］于敏. 数字农业的战略意义及实践策略探析［J］. 农家参谋，2020（16）：36.

［23］恽桃. 乡村振兴视域下“互联网+”生态农业发展路径研究［J］. 农家参谋，2019（10）：41.

［24］张鲁冀，李小燕，董晓晴，等. 国内外新农村建设理论情报及思考［C］//科技情报发展与创新服务学术研讨会暨北京科学技术情报学会2009年学术年会. 北京：北京科学技术情报学会，2009.

［25］张松梅. 十九大以来的我国乡村振兴战略研究综述［J］. 特区经济，2021（7）：103-106.

［26］张婷，张安录，邓松林. 政府收费、流转定价与农村集体建设用地流转的意愿研究［J］. 农业现代化研究，2016（6）：1135-1141.

［27］周敏，匡兵，饶映雪. 极化理论视角下城市建设用地利用效率的时空异质性［J］. 中国人口·资源与环境，2018（3）：46-52.

［28］朱珏蓉，朱孟珏，柯柳媚，等. 农村土地流转纠纷的特征、成因及解决对策研究：以广东佛山 JX 村为例［J］. 经济研究导刊，2020（12）：16-18.

后　记

本书是在综合开发研究院近年来参与的多个国家部委智库课题、地方政府乡村振兴研究课题的基础上，融合区域发展规划研究所成员多年积淀的相关研究成果，历经数次集中讨论修改完成的。

在本书的准备和写作过程中，参与编撰工作的各位同人不遗余力，尽心协助。樊纲院长、曲建副院长、刘容欣总监、郑宇劼院长助理等领导对本书的研究主题、创新点和编制思路提出了具体指导意见。陈颖仪、张哲韬、郭毅、张静越、张晓宇等同事在本书编制过程中主动承担多个章节的资料整理，多次组织参与讨论会，对本书整体框架的搭建、主线的梳理、核心观点的提炼等起到了重要作用。此外，特别感谢自然资源部在赣州挂职的夏潭村第一书记吴楠，为项目调研和思路编制提供了帮助。还要感谢深圳市乡村振兴和协作交流局、云浮市发改局、云浮市生态环境局、汕尾市投资促进局、洛阳伊滨区管委会、中山翠亨新区、保定市政府、霍尔果斯跨境合作区、塔城边境合作区等多地政府组织安排的调研访谈，为书稿编制提供了大量素材和宝贵思路。

在本书完成之际，在此向所有参与编制的人员表达最诚挚的谢意，对你们全身心的投入和所付出的辛苦及汗水致敬。